Inhaltsverzeichnis

Vorwort der Herausgeber 5

1 **Die bildungstheoretische Didaktik im Rahmen kritisch-konstruktiver Erziehungswissenschaft**
Wolfgang Klafki 11
1.1 Der Bildungsbegriff als Zentralkategorie einer kritischen Didaktik 11
1.2 Allgemeine Voraussetzungen eines Unterrichtsplanungskonzepts im Sinne kritisch-konstruktiver Didaktik 12
1.3 Aufriß von Perspektiven der Unterrichtsplanung 13
1.4 Grenzen des Unterrichtsplanungskonzepts und praktische Verwendungsmöglichkeiten 24
1.5 Anmerkungen 25

2 **Die lehrtheoretische Didaktik**
Wolfgang Schulz 29
2.1 Einführung 29
2.2 Bedingungen und Voraussetzungen 29
2.3 Struktur und Prinzipien 32
2.4 Probleme der Planung auf drei Planungsebenen 36
2.5 Vom Berliner zum Hamburger Modell 43
2.6 Anmerkungen 44

3 **Die kybernetisch-informationstheoretische Didaktik**
Felix von Cube 47
3.1 Vorbemerkung 47
3.2 Erziehung und Ausbildung 48
3.3 Erziehungswissenschaft und kybernetische Methoden in der Erziehungswissenschaft 53
3.4 Literatur 59

4 **Die curriculare Didaktik**
Christine Möller 63
4.1 Was ist ein Curriculum? 63
4.2 Curriculare Didaktik? 63
4.3 Warum nennt sich dieser Ansatz „lernzielorientiert"? 63
4.4 Was soll der lernzielorientierte Modellansatz leisten? 64
4.5 Welche Handlungsanweisungen sind nötig, wenn man nach dem lernzielorientierten Ansatz Lernplanung betreibt? 65
4.6 Welche Handlungsschritte sind nötig, wenn man nach dem lernzielorientierten Ansatz Lernorganisation betreibt? 71

4.7	Welche Handlungsschritte sind nötig, wenn man nach dem lernzielorientierten Ansatz Lernkontrolle betreibt?	73
4.8	Was sind die Vorteile des lernzielorientierten Ansatzes?	74
4.9	Literatur	75
5	**Die kritisch-kommunikative Didaktik**	
	Rainer Winkel	79
5.1	Was heißt Didaktik, kritisch, kommunikativ?	79
5.2	Die anderen didaktischen Theorien	81
5.3	Die Grundstruktur der kritisch-kommunikativen Didaktik	83
5.4	Unterricht im Spiegel der kritisch-kommunikativen Didaktik	85
5.5	Wie plant man Unterricht kritisch-kommunikativ?	89
5.6	Schlußgedanken	91
5.7	Anmerkungen	92
5.8	Literatur	93
6	**Abschlußdiskussion** (Moderation: *H. Blankertz*)	95
7	**Namenverzeichnis**	111

Vorwort der Herausgeber

> „Über dem Vermitteln von Wissen vergessen wir jenes Lehren, das für die menschliche Entwicklung am wichtigsten ist: jenes Lehren, das nur durch die einfache Gegenwart eines reifen und liebenden Menschen gegeben werden kann."
>
> *Erich Fromm,* 1979

Wer heute an einer didaktischen Theorie arbeitet, ja unter Umständen eine bereits abgeschlossene Theorie schulischen Lehrens und Lernens vorlegt, wird sich mit zwei Vorwürfen auseinandersetzen müssen:
— Da sind einmal jene Kritiker, denen das Ganze viel zu praxisnah ist. Sie vermissen *Sokrates*, den Stammvater aller Lehrkunst, und den gekonnten Schwung von dort in die mittelalterlichen Klosterschulen. Wo bleiben des weiteren die Opera Didactica Omnia des *Johann Amos Comenius* und die Schriften der Philanthropen? Ohne die Erkenntnis- und Wissenschaftstheorien der Aufklärer *Kant, Hegel* und *Marx* keine Legitimation spätbürgerlichen Handelns! Exkurse in die *Freud*sche Psychoanalyse wären ebenso empfehlenswert wie Theorien der Reformpädagogischen Bewegung. Und ohne eine vielschichtige Diskussion des von *Habermas* beschworenen „herrschaftsfreien Diskurses" im Kontext Schule diskreditiert sich jede Theorie als vorwissenschaftliches Bewußtsein ... Auf einem anderen Stern quasi scheint der Schulpraktiker zu leben, der wissen will, *was* er denn morgen *wie* und *warum* unterrichten soll/muß/darf und kann.
— Von daher die zweite Kritik, die das Ganze für viel zu theoretisch erklärt. Was sollen Verweise auf „Bildung", „Emanzipation", „kybernetische Prozesse", „Operationalisierungen" und „kommunikative Kompetenz"! Der Lehrer will es hautnah und handgreiflich: Mittwoch, dritte Stunde, 8. Klasse, C-Kurs, Englisch ... Auf einem anderen Stern quasi scheint der Theoretiker zu leben, der (welch Ironie) scheinbar dasselbe wissen will, *was* denn morgen *wie* und *warum* unterrichtet werden soll/muß/darf und kann.
Ent-täuscht werden also ebenso jene sein, die von didaktischen Theorien eine Lösung der großen Menschheitsprobleme erwarten, wie die anderen, denen Rezepte (von wem auch immer) versprochen wurden. Didaktik ist:
● die Analyse und Planung unterrichtlicher Lehr- und Lernprozesse und deshalb kein unmittelbares Handeln, sondern eine Theorie. Didaktik ist aber immer auch:
● die Kritik an einer bestimmten Praxis, das heißt auf eine vorhandene und gewollte Praxis bezogen und deshalb nicht nur Theorie, sondern das Durchdenken und Verantworten von Praxis.

*

Nun gibt es *die* Didaktik ebenso wenig wie *die* Erziehungstheorie, *die* Lernpsychologie, *die* Theorie schizophrenen Verhaltens oder *die* Theorie der Friedenssicherung. Es gibt verschiedene Theorien und Modelle unterrichtlichen Lehrens und Lernens. Wer's also gern eindeutig haben will, muß eine zweite Illusion aufgeben. Dafür aber gewinnt er eine vierfache Erkenntnis, daß nämlich:
- Unterricht ein viel zu komplexer Prozeß ist, um adäquat von *einer* Theorie erhellt werden zu können; daß
- mehrere konkurrierende Entwürfe der wissenschaftlichen Erkenntnis (das heißt der Wahrheitsfindung) dienlicher sind als eine offiziell verordnete oder sich dogmatisch gebärdende „Theorie"; daß
- es durchaus legitim ist, von verschiedenen theoretischen Ansätzen her jeweils das zu bedenken, was zur Bewältigung der eigenen anstehenden Praxis beitragen kann; und daß viertens schließlich
- das Entdecken von Gemeinsamkeiten in verschiedenen Entwürfen (und Sprachen) nicht nur ein intellektuelles Vergnügen sein kann, sondern vielmehr auf die Relevanz durchgängiger Probleme des Schulalltags hinweist.

Selbstverständlich kann die vorliegende Übersicht nicht alle didaktischen Theorieansätze präsentieren – zumal hier Vieles heute in Bewegung ist. Die grundlegenden Positionen aber, denen sich auch neuere Bemühungen (etwa aus Hannover und Kassel) zuordnen lassen, werden deutlich.

*

Als die Schriftleitung der Zeitschrift *Westermanns Pädagogische Beiträge* im Sommer 1979 Vertreter von fünf didaktischen Theorien bat, in den ersten fünf Heften des Jahres 1980 ihre jeweilige Didaktik in Kurzform darzustellen und im Heft 6/1980 unter Hinzuziehung von einigen Lehrern mit- und gegeneinander zu diskutieren, konnte sie die starke Resonanz nicht ahnen. Immerhin war es an der „didaktischen Front" recht ruhig geworden. Umso mehr überraschte sie das lebhafte Echo auf die „Didaktischen Theorien heute". Offensichtlich drängten Fragen wie diese auf Beantwortung:
- Was war aus *Wolfgang Klafki*s Didaktischer Analyse, das heißt seiner bildungstheoretischen Didaktik seit ihrem ersten Entwurf von 1959 eigentlich geworden?
- Anfangs hatte die lerntheoretische Didaktik der Berliner Schule um *P. Heimann, G. Otto* und *W. Schulz* dem Bildungstheoretiker *Klafki* in vielen Punkten widersprochen. Wie würde *Wolfgang Schulz* seine auf dem Weg von Berlin nach Hamburg zur lehrtheoretischen Didaktik gewordene Position heute kennzeichnen?
- Hatte vielleicht auch die kybernetisch-informationstheoretische Didaktik, wie sie *Felix von Cube* vertritt, ähnliche Veränderungen durchgemacht?

● Worin lag das spezifisch Neue des lernzielorientierten Ansatzes der curricularen Didaktik, mit der man vor allem den Namen *Christine Möller* verbindet?
● Und schließlich: Was hatte die jüngste didaktische Theorie zu sagen, die sich eine kritisch-kommunikative nennt und von *Rainer Winkel* erläutert werden sollte?

Solche und ähnliche Fragen müssen unterschwellig vorhanden gewesen sein. Sie ermunterten uns, die Autoren, Beiträge und Diskutierenden noch einmal zu präsentieren — diesmal in einem Buch, das auch Leser erreicht, denen die WPB-Serie nicht ins Haus geliefert worden war. Und ein Zweites bewirkte das nachhaltige Echo: Wenn — so unsere Überlegungen — bereits verschiedene *didaktische* Entwürfe auf relativ großes Interesse stießen, wie mußte es erst um *methodische* Fragen der Unterrichtsgestaltung bestellt sein? Von daher baten wir — wiederum — verschiedene Autoren, in den ersten Heften des Jahres 1981 die Unterrichtsmethoden darzustellen. Unter Umständen würden erst beide Foren — didaktisches und methodisches — die komplexe Wirklichkeit heutigen Schulalltags einigermaßen analysieren und planen helfen.

*

Selbstverständlich haben die Autoren der „Didaktischen Theorien" ihre Aufsätze noch einmal zurückbekommen, um hier oder da zu präzisieren, zu korrigieren, Mißverständnisse auszuräumen. Davon machten sie unterschiedlich Gebrauch, so daß auch den Erstlesern der Didaktik-Serie die eine oder andere Passage in einem besseren Verständnis erscheint. Im einzelnen wendet sich die nun vorliegende Publikation an folgende Leser:
● Studierende der Pädagogik und Referendare, angehende Lehrer also, die wissen wollen und lernen müssen, wie man Unterricht analysiert und plant, kritisch reflektiert und konstruktiv verbessert.
● Gestandene Lehrer, denen das Unterrichten oft genug Unbehagen bereitet, und die anhand der vorliegenden Texte vielleicht genügend Abstand vom Druck des Alltags gewinnen, um die eine oder andere neue Perspektive zu gewinnen.
● Hochschullehrer, Seminarleiter, Schulräte, Rektoren und Mentoren, die Kurzfassungen der didaktischen Theorien suchen, um mit ihrer Hilfe andere für didaktische Probleme zu sensibilisieren, an umfänglicheres Schrifttum heranzuführen und sich selbst an der kritischen Diskussion zu beteiligen.
● Und schließlich interessierte Eltern und Schüler, denen — unter Anleitung — durch diese Texte manch rätselhaftes unterrichtliches Phänomen transparenter werden könnte.

Rückmeldungen (ob mündlich oder schriftlich), Bitten um Erläuterungen und Hilfestellungen, Einladungen zu Vorträgen und Fortbildungsveranstaltungen sind den Autoren willkommen. Durch die Mitteilung ihrer Anschriften sollen solche Kontaktaufnahmen erleichtert werden. Freilich: Wenn hierzulande über 500 000 Lehrer in rund 300 000 Klassen das erteilen, was man — sehr verallgemeinernd — Unterricht nennt, wenn also mit Erstkläßlern gesungen und mit Oberprimanern *Ovid* übersetzt wird, dann sind diese vielschichtigen Praxisfelder allemal schwieriger als die hier ausgebreiteten Theorien. Vielleicht aber können sie uns demjenigen Ziel ein wenig näherbringen, von dem *Comenius* schon vor mehr als 300 Jahren träumte, als er in der Didactica Magna (1657) schrieb:

> *„Erstes und letztes Ziel unserer Didaktik soll es sein, die Unterrichtsweise aufzuspüren und zu erkunden, bei welcher die Lehrer weniger zu lehren brauchen, die Schüler aber dennoch mehr lernen; und bei der in den Schulen weniger Lärm, Überdruß und unnütze Mühe zugunsten von mehr Freiheit, Vergnügen und wahrhaftem Fortschritt herrscht."*

Die Herausgeber

Herbert Gudjons   *Rita Teske*   *Rainer Winkel*
Hamburg   Braunschweig   Dortmund/Berlin

Zur Jahreswende 1980/81

Wolfgang Klafki, Dr. phil., Jg. 1927,
ist o. Professor für Erziehungswissenschaft
an der Universität Marburg.

Anschrift:
Am Krummbogen 28 B
3550 Marburg

Wichtige Publikationen

Funk-Kolleg, Erziehungswissenschaft. Zus. mit *G. M. Rückriem* u. a. 3 Bde. Fischer Bücherei, Frankfurt, 1970 f.
Studien zur Bildungstheorie und Didaktik. Beltz, Weinheim, ^{10}1975.
Aspekte kritisch-konstruktiver Erziehungswissenschaft. Beltz, Weinheim, 1976.
Didaktik und Praxis. Zus. mit *G. Otto/W. Schulz.* Beltz, Weinheim, ^{2}1979.
Wolfgang Klafki ist Mitherausgeber der Zeitschrift für Pädagogik.

1 Die bildungstheoretische Didaktik

im Rahmen kritisch-konstruktiver Erziehungswissenschaft

Oder: Zur Neufassung der Didaktischen Analyse[1]

Wolfgang Klafki

1.1 Der Bildungsbegriff als Zentralkategorie einer kritischen Didaktik

Jede Theorie und jedes Konzept der Unterrichtsplanung ist in umfassende Zusammenhänge verflochten, die hier nicht entfaltet werden können. Was im folgenden über Unterrichtsplanung gesagt wird, ist bezogen auf größere Zusammenhänge der Unterrichtstheorie bzw. der Didaktik. Ich gebrauche beide Begriffe hier synonym, verwende also einen weiten Didaktik-Begriff, der die Curriculumtheorie und die Lehr-Lern-Theorie bzw. die Methodik einschließt. Didaktik ist verflochten mit Problemen der Schultheorie sowie einer historisch-gesellschaftlich reflektierten pädagogischen Zieltheorie, die m.E. auch heute als Bildungstheorie verstanden werden kann, sofern man den Bildungsbegriff als eine kritische und zugleich handlungsorientierende Kategorie versteht. Meine didaktische Position ist also auch heute eine bildungstheoretisch fundierte.

Mit einer Reihe von Autoren – sowohl Vertretern der Frankfurter Schule der Gesellschaftsphilosophie wie Erziehungswissenschaftlern – bin ich der Auffassung, daß der Verzicht auf den Bildungsbegriff hier: innerhalb der Didaktik und der Unterrichtsplanung weder notwendig noch empfehlenswert ist, ja bedenkliche Konsequenzen haben könnte. Eine zentrale Kategorie wie der Bildungsbegriff oder ein Äquivalent dafür ist unbedingt notwendig, wenn die pädagogischen Bemühungen nicht in ein unverbundenes Nebeneinander von Einzelaktivitäten auseinanderfallen sollen. Diese Notwendigkeit erweist sich auch daran, daß in manchen neueren, jedenfalls in sich kritisch verstehenden pädagogischen Theorien zwar z.T. auf den Bildungsbegriff verzichtet wird, aber nicht im Sinne einer gleichsam „ersatzlosen Streichung", sondern so, daß an seine Stelle, aber in analoger Funktion, andere Zentralbegriffe treten: Begriffe wie „Emanzipation" oder „Selbst- und Mitbestimmungsfähigkeit" im Sinne oberster Lernziele oder allgemeinster Prinzipien für Lernzielbestimmungen sollen strukturell genau das gleiche leisten wie die Kategorie der Bildung: Sie bezeichnen nämlich zentrierende, übergeordnete Orientierungs- und Beurteilungskriterien für alle pädagogischen Einzelmaßnahmen.

Diesem systematischen Argument läßt sich ein historisches anfügen: Man kann zeigen, daß der Bildungsbegriff der deutschen Klassik, an den die pädagogischen Theorien, die an der Bildungskategorie festhielten bzw. festhalten, anknüpfen, jedenfalls in seinem Ursprung ein durchaus kritischer, nicht zuletzt ein potentiell gesellschaftskritischer Begriff gewesen ist. — Unsere heutige Aufgabe ist es, dieses ursprünglich vorhandene, kritische Moment wieder herauszuarbeiten und es — weiter entwickelt — auf die historisch veränderten Verhältnisse der Gegenwart und auf Entwicklungsmöglichkeiten in die Zukunft hinein zu beziehen, wie das beispielsweise Autoren wie *Horkheimer, Habermas, Heydorn, Blankertz* u.a. im Ansatz versucht haben. Gelingt diese produktive Aufarbeitung, dann besteht kein Anlaß, den Bildungsbegriff als Zentralkategorie einer kritischen Didaktik und einer ihr entsprechenden Konzeption der Unterrichtsplanung fallen zu lassen.

1.2 Allgemeine Voraussetzungen eines Unterrichtsplanungskonzepts im Sinne kritisch-konstruktiver Didaktik: 5 Thesen[2]

1. Die generelle Zielbestimmung des Unterrichts wird hier darin gesehen, den Lernenden Hilfen zur Entwicklung ihrer *Selbstbestimmungs-* und *Solidaritätsfähigkeit,* deren eines Moment *Mitbestimmungsfähigkeit* ist, zu geben. Selbstbestimmungs- und Solidaritätsfähigkeit schließen, als konstitutive Momente, rationale Diskursfähigkeit, d.h. Fähigkeit zur Begründung und Reflexion, entwickelte Emotionalität und Handlungsfähigkeit, d.h. die Fähigkeit ein, auf die eigenen Beziehungen zur natürlichen und gesellschaftlichen Wirklichkeit im Sinne begründeter Zielsetzungen aktiv einzuwirken.

2. Der *Zusammenhang von Lehren und Lernen* wird als *Interaktionsprozeß* verstanden, in dem Lernende sich mit Unterstützung von Lehrenden zunehmend selbständiger Erkenntnisse und Erkenntnisformen, Urteils-, Wertungs- und Handlungsmöglichkeiten zur reflexiven und aktiven Auseinandersetzung mit ihrer historisch-gesellschaftlichen Wirklichkeit aneignen sollen; das schließt ein, daß sie in diesem Prozeß auch die Fähigkeit zu weiterem Lernen gewinnen. Aber auch die Lehrenden vollziehen in so verstandenen Prozessen durch die Interaktion mit den Lernenden immer wieder eigene Lernprozesse.

3. So verstandenes Lernen muß in seinem Kern *entdeckendes* bzw. *nachentdeckendes* und *sinnhaftes, verstehendes Lernen* sein, dem die nur reproduktive Übernahme von Kenntnissen und alles Trainieren, Üben, Wiederholen von Fertigkeiten eindeutig nachgeordnet oder besser: eingeordnet ist, als zwar notwendige, aber nur vom entdeckenden und/oder verstehenden Lernen her pädagogisch begründbare Momente.

4. Soll Lehren Hilfe zu einem so verstandenen Lernprozeß sein, so muß es selbst *für* Lernende und in zunehmendem Maße *mit* ihnen zusammen — eben im Sinne des Selbstbestimmungs- und Solidaritätsprinzips — diskursiv gerechtfertigt und geplant werden. Anders formuliert: Im Lehr-Lern-Prozeß muß das Selbst- und Mitbestimmungsprinzip in einer Folge wachsen-

der Schwierigkeitsgrade, wachsenden Anspruchs verwirklicht werden: in der Form der *Mitplanung des Unterrichts bzw. einzelner Unterrichtsphasen seitens der Schüler,* durch *Unterrichtskritik* zusammen mit den Schülern, durch „*Unterricht über Unterricht*"; das sind Elemente dessen, was heute unter den Stichworten „*offener*", bzw. „*schülerorientierter Unterricht*" erfreulich lebhaft diskutiert wird.

5. Die Formulierung, daß Unterricht hier als Interaktionsvorgang verstanden wird, weist darauf hin, daß *Unterricht* immer auch *ein sozialer Prozeß* ist: In ihn gehen — vermittelt über die mitgebrachten Biographien der Lehrer und der Schüler, die immer individuelle Biographien unter spezifischen sozialen Verhältnissen sind — unterschiedliche soziale Wahrnehmungen, Vorurteile, Handlungsweisen und Einstellungen ein, werden verstärkt oder unterdrückt oder verändert, führen zu Konflikten und Störungen, Kontakten und Kompromissen, Übertragungen oder Abwehrreaktionen. Sobald dieser Tatbestand bewußt geworden ist — das ist in der deutschen Unterrichtstheorie in breiterem Maße erst seit etwa einem Jahrzehnt der Fall — muß das sich ohnehin vollziehende, funktionale *soziale Lernen* bewußt und zielorientiert, im Sinne einer *demokratischen Sozialerziehung,* auch in die Zielbestimmungen des Unterrichts und damit in die Unterrichtsplanung einbezogen werden. Das bedeutet also, daß soziales Lernen nicht nur und nicht erst in der Dimension der Unterrichtsmethode, etwa im bislang vorwaltenden Verständnis der Frage nach den „Sozialformen des Unterrichts", bedeutsam wird.[3]

1.3 Aufriß von Perspektiven der Unterrichtsplanung

Ich skizziere im folgenden einen vorläufigen Aufriß der sieben Problemfelder bzw. Fragedimensionen, die m.E. in einem Unterrichtsplanungskonzept enthalten sein müssen, wobei die Hauptperspektiven z.T. in Unterfragen aufgeschlüsselt werden.

Ein entscheidender Gesichtspunkt ist — in Anlehnung an Überlegungen, die zuerst in der lern- bzw. lehrtheoretischen Didaktik entwickelt worden sind —, daß in die Beantwortung aller sieben Fragen jeweils eine Analyse der konkreten soziokulturell vermittelten Ausgangsbedingungen einer Lerngruppe (Klasse), des bzw. der Lehrenden sowie der unterrichtsrelevanten, kurzfristig änderbaren oder nicht änderbaren Bedingungen einschließlich möglicher oder wahrscheinlicher Schwierigkeiten bzw. Störungen eingehen muß.

Das folgende Schema versucht (vorläufig), die Struktur des Fragenaufrisses zu skizzieren und einige Beziehungen zwischen den Hauptfragen anzudeuten. Pfeile symbolisieren dabei Beziehungen, die sich sprachlich in folgender Form ausdrücken lassen: Frage X muß primär im Hinblick auf Frage Y (auf die der Pfeil weist) beantwortet werden. Doppelpfeile bezeichnen Wechselbeziehungen.

(Vorläufiges) Perspektivenschema zur Unterrichtsplanung

Bedingungsanalyse: Analyse der konkreten, sozio-kulturell vermittelten Ausgangsbedingungen einer Lerngruppe, (Klasse) des/der Lehrenden sowie der unterrichtsrelevanten (kurzfristig änderbaren oder nicht änderbaren) institutionellen Bedingungen, einschließlich möglicher oder wahrscheinlicher Schwierigkeiten bzw. „Störungen"

| (Begründungszusammenhang) | (themat. Strukturierung) | (Bestimmung von Zugangs- und Darstellungsmöglichkeiten) | (method. Strukturierung) |

1 Gegenwartsbedeutung

2 Zukunftsbedeutung

3 exemplarische Bedeutung, ausgedrückt in den allgemeinen Zielsetzungen der U-Einheit, des Projekts oder der Lehrgangssequenz

4 thematische Struktur (einschl. Teillernziele) und soziale Lernziele

5 Erweisbarkeit und Überprüfbarkeit

6 Zugänglichkeit bzw. Darstellbarkeit (u.a. durch bzw. in Medien)

7 *Lehr-Lern-Prozeßstruktur* verstanden als variables Konzept notwendiger oder möglicher Organisations- und Vollzugsformen des Lernens (einschl. sukzessiver Abfolgen) und entspr. Lehrhilfen, zugleich als *Interaktionsstruktur* und *Medium sozialer Lernprozesse.*

1.3.1 Die Begründungsproblematik

(Fragen 1 bis 3 im Schema)
Vorweg muß hier betont werden, daß die drei Fragen des Begründungskomplexes im Verhältnis wechselseitiger Abhängigkeit voneinander stehen; dieser Sachverhalt verbietet es, sie in eine verbindliche Reihenfolge bringen zu wollen. Wir fragen zunächst: Warum soll nach der *Gegenwarts- und der Zukunftsbedeutung* einer ins Auge gefaßten (zielorientierten) Thematik gefragt werden?

Unterricht hat – in dem hier maßgeblichen Verständnis – in folgendem Sinne eine Vermittlungsaufgabe: Er soll, indem er den jungen Menschen in seiner gegenwärtigen Lebensphase Verstehens-, Urteils- und Handlungsmöglichkeiten eröffnet, ihm zugleich zu entsprechenden Entwicklungsmöglichkeiten auf seine Zukunft hin verhelfen. Deshalb müssen für den Unterricht vorgesehene Themen und die sie konstituierenden Ziele durch ihre Gegenwarts- und Zukunftsbedeutung für den jungen Menschen und zunehmend mit ihnen zusammen, begründet werden. Das gilt sowohl dann, wenn ein Ziel-Themen-Zusammenhang durch einen Lehrplan verbindlich oder alternativ vorgegeben ist als auch dann, wenn ein Lehrer einen solchen Zusammenhang von sich aus hypothetisch ins Auge faßt, aber auch dann, wenn es sich um einen Schülervorschlag handelt, z.B.: „Wir wollen mal einen Krimi in der Schule lesen" oder etwa „Wir könnten eigentlich mal im Unterricht eine anständige Klassenfete vorbereiten!"

1. Die Frage nach der *Gegenwartsbedeutung* (1. Frage), die wesentliche Aspekte dessen einschließt, was z.B. in der lern- bzw. lehrtheoretischen Didaktik bzw. im Anschluß an sie „Bedingungsanalyse" genannt wird, muß nun etwas präziser als Frage nach den *von Kindern und Jugendlichen erfahrenen und praktizierten Sinnbeziehungen und Bedeutungssetzungen in ihrer Alltagswelt* bestimmt werden.

Darin drückt sich – gegenüber der gesellschaftstheoretisch nur wenig reflektierten Auslegung dieser Frage in der alten Didaktischen Analyse von 1959 die Erkenntnis aus, daß dieses gegenwärtige Alltagsleben der Kinder und Jugendlichen, das sich in ihren Interessen und Ängsten niederschlägt, in dem, was sie als Glück oder Sorge erfahren, in ihren Wertungen und Vorurteilen, immer durch bestimmte Sozialisationsbedingungen unserer Gesellschaft vermittelt ist. Gemeint sind zum einen generelle Bedingungen – wie etwa der Einfluß einer stark technisierten Umwelt –, zum anderen aber schicht- und klassenspezifische oder durch regionale Bedingungen (Stadt, Land) oder durch die Konfession geprägte Sozialisationsvoraussetzungen.

Insofern kann die Gegenwartsbedeutung eines ins Auge gefaßten Ziel- und Themenzusammenhangs – abkürzend angedeutet: „Wohnen", „Freunde", „Was bedeutet mir meine Familie?", „Spielzeug", „Jungen und Mädchen", „Fahrrad und Radfahren", „Brauchen wir eigentlich Gewerkschaften?" – für Kinder und Jugendliche – kognitiv, emotional und handlungsbezogen – sehr unterschiedlich sein.

2. Entsprechendes gilt für die mögliche, *vermutete Zukunftsbedeutung* (2. Frage). Sie kann sich in der Sicht von Schülern verschiedener sozialer Herkunft und in der Einschätzung durch den Lehrer im Hinblick auf die Zukunft der Schüler — etwa bei dem Thema „Brauchen wir eigentlich Gewerkschaften?" — durchaus unterschiedlich darstellen. Eine solche Divergenz könnte ein besonders wirksamer Anstoß zur kritischen Reflexion auf gesellschaftliche Ungleichheitsverhältnisse sein, vorweggenommene Entscheidungsalternativen verdeutlichen, zum Nachdenken über Alternativen gesellschaftlicher Entwicklung anregen.

An diesem Beispiel kann ein weiteres besonders deutlich werden: Die Frage nach der gegenwärtigen und der vermutlichen zukünftigen Bedeutung potentieller Ziel-Themen-Zusammenhänge für die Schüler muß, sofern Unterricht als Interaktionsprozeß verstanden wird, zugleich als Frage an den planenden Lehrer oder die Lehrergruppe verstanden werden: Welche Gegenwarts- und Zukunftsbedeutung hat die zur Diskussion stehende Thematik *für den Lehrer,* welcher eigenen Voreinstellungen, Vorurteile, Interessen wird sich der reflektierende Lehrer bewußt, sofern er die Frage auf sich bezieht? Welche Vorstellungen über die gegenwärtige oder die wünschenswerte zukünftige Gesellschaft, über Möglichkeiten technischer Entwicklung, über die Mitbestimmungsfrage usw. hat er selbst? Damit werden zugleich unausweichlich Interessen unterschiedlicher gesellschaftlicher Gruppen angesprochen, und wir würden uns als Lehrende etwas vormachen, wenn wir glaubten, wir könnten solchen Fragen im Unterricht oder in der Unterrichtsvorbereitung ausweichen. Unterschiedliche Interessen stecken in dem, was wir als Lehrer tun, ohnehin immer darinnen. Wenn dem so ist, dann muß dieser Tatbestand ausdrücklich in die Planung miteinbezogen werden. Es handelt sich hier also nicht um einen Akt „freier Entscheidung" des einzelnen Lehrers, so als könnte jemand auch argumentieren: „Es paßt mir aber nicht, daß Schule und Unterricht etwas mit Politik oder Gesellschaft zu tun haben sollen!" Sie haben nachweislich etwas damit zu tun, ob man das will oder nicht!

In der geforderten Selbstreflexion oder auch einer gemeinsamen Erörterung mit den Schülern soll die perspektivische Brechung, in der wir die historisch-gesellschaftliche Wirklichkeit und, durch sie vermittelt, auch Natur auffassen, beurteilen, be-handeln, bewußt werden. Und nur auf diesem Wege können wir als Lehrer die scheinbare Selbstverständlichkeit unserer bisherigen Perspektiven in Frage stellen und damit wahrnehmungsfähig und diskussionsfähig für die gegebenenfalls andersartigen Bedeutsamkeitsperspektiven der Schüler werden. Dabei ist hier nicht etwa gemeint, daß diese Perspektiven der Schüler als verbindlicher Maßstab gelten dürfen; denn sie sind selbst meistens zunächst unreflektiert, oft unkritische oder nur vordergründig „kritische" Deutungen gesellschaftlicher Erfahrung. Vielmehr geht es im Unterrichtsprozeß gerade darum, daß solche primären Perspektiven anhand des jeweiligen, oft selbst kontroversen Standes wissenschaftlicher Erkenntnis oder der Interpretation und der Argumentation in der gesellschaftlichen Öffentlichkeit ein Stück weit aufgearbeitet und verändert werden, daß sie einen höheren Erkenntnisgehalt gewinnen und — mindestens im Ansatz – neue, bewußtere, und differenziertere Handlungsmöglichkeiten erkennbar werden. –

Ich füge hier – sozusagen als Generalklausel – ein, daß solche Formulierungen unvermeidlich hochtrabend klingen; in der alltäglichen Unterrichtsplanung und der Unterrichtsdurchführung kommt es darauf an, Lernfortschritte dadurch zu ermöglichen und längerfristige Motivationen dadurch aufzubauen, daß die Spannweite zwischen der Ausgangslage und dem jeweils anzustrebenden Ziel realistisch begrenzt gehalten wird.

3. Ich wende mich der *dritten Grundfrage* im ersten Komplex zu, der Frage nach der *exemplarischen Bedeutung*. Ein thematischer Zusammenhang kann nicht allein durch die Gegenwarts- und Zukunftsbedeutung didaktisch gerechtfertigt werden, sondern erst, wenn darüber hinaus auch seine exemplarische Bedeutung nachgewiesen werden kann: Am potentiellen Thema müssen sich allgemeinere Zusammenhänge, Beziehungen, Gesetzmäßigkeiten, Strukturen, Widersprüche, Handlungsmöglichkeiten erarbeiten lassen. Sprachlich läßt sich die jeweilige Intention bzw. lassen sich die Intentionen als *Lernziele* einer bestimmten Unterrichtseinheit, eines Projektes oder einer Lehrgangssequenz formulieren: Welches ist das bzw. welches sind die allgemeineren und die spezielleren Lernziele, die anhand eines als mögliches Unterrichtsthema zu durchdenkenden Inhalts angestrebt werden können bzw. sollen? Dabei scheint mir weder die neuerdings verschiedentlich vorgenommene Unterscheidung zwischen „Lehrzielen" und „Lernzielen" noch die zwischen „Lernzielen" und „Handlungszielen" – letztere als Ziele der Schüler verstanden – terminologisch hilfreich zu sein. Der durch den Terminus „Handlungsziele" gemeinte Aspekt der eigenen Intentionen der Schüler kann und muß m. E. in ein am Selbstbestimmungs- und Solidaritätsprinzip orientiertes Verständnis von Unterricht und seinen Lernzielen integriert werden.

Mit der vorher formulierten Lernzielfrage wird das Problem einer *Hierarchie von Lernzielen* oder *Lernzielebenen* aufgeworfen. Wenn nämlich gefragt wird: Welche allgemeineren bzw. welche spezielleren Ziele sollen anhand eines ins Auge gefaßten Themas angesteuert werden, so stellt sich sofort die Frage: Wie sieht die Struktur eines Lernzielsystems mehr oder minder allgemeiner, spezieller oder speziellster Ziele aus? – Gibt die Curriculumtheorie oder ein bestimmter Lehrplan, eine Rahmenrichtlinie eine solche Hierarchie von Lernzielen vor, angesichts derer man die Analyse des etwaigen Themas vornehmen kann? Die Antwort lautet: Hier wird ein in der Curriculumtheorie noch weitgehend unbewältigtes Problem benannt. Ich kann also nur beispielhafte Hinweise, aber keine Lösungen geben.

Zunächst soll skizziert werden, was mit der Rede von „Lernzielebenen" gemeint ist. Ohne systematischen Vollständigkeitsanspruch unterscheide ich vier Ebenen; der folgende Aufriß darf aber – um es einmal mehr zu betonen – keinesfalls als ein deduktives Schema interpretiert werden!

Die erste Ebene ist die des allgemeinsten oder einiger allgemeinster Lernziele. Wo diese Frage in der pädagogischen Diskussion, insbesondere in der Curriculumdiskussion heute angesprochen wird, stößt man häufig auf den Begriff der „Emanzipation". Er ist allerdings zunächst ein negativer Begriff, da er nur auf der Freisetzung *von* etwas, von Zwängen, von nicht legitimierbaren Herrschaftsverhältnissen usw. hinweist, aber nicht positiv andeutet, *wofür*, im Hinblick *worauf* denn eine solche Freisetzung erfolgen soll. Das positive Pendant zum negativ abgrenzenden Emanzipationsbegriff kann m. E. mit der Doppelformel „Selbstbestimmungs- und Solidaritätsfähigkeit" (deren eines Moment Mitbestimmungsfähigkeit ist) bezeichnet werden. Diese Formel wiederum kann als eine gesellschaftlich reflektierte Fortentwicklung des traditionelleren Begriffs der *„Mündigkeit"* als Erziehungsziel verstanden werden. Jedoch meine ich, daß mit der Formel „Selbstbestimmungs- und Solidaritätsfähigkeit" durchaus nicht nur ein anderes Etikett für „Mündigkeit" gesetzt wird, sondern daß darin ein Hinweis darauf zu sehen ist, worum es heute in der Erziehung und der Erziehungstheorie gehen müßte: nämlich um eine Klärung der Beziehungen zwischen der Selbstbestimmung des einzelnen einerseits und der kritischen Aktivität in größeren gesellschaftlich-politischen Zusammenhängen andererseits, die im Begriff der Solidaritätsfähigkeit (einschließlich der Mitbestimmungsfähigkeit) zum Ausdruck gebracht wird.

Eine *zweite* Ebene wird erkennbar, sobald man fragt, ob die generellen Begriffe „Selbstbestimmung" und „Solidarität" sich sozusagen „oberhalb" einer Konkretisierung in bestimmten Inhalts- und Fachbereichen durch eine Reihe weiterer Qualifikationen bestimmen lassen, also durch Qualifikationen, die noch nicht direkt auf einzelne Sachbereiche bezogen formuliert werden. Hier wären Begriffe wie „Kritik- und Urteilsfähigkeit", „Kommunikationsfähigkeit", „Fähigkeit, einen eigenen Standpunkt vertreten, aber auch, ihn aufgrund besserer Einsicht korrigieren zu können" usf. anzusiedeln.

Auf einer *dritten* Ebene sind bereichsspezifische Konkretisierungen dessen, was auf der ersten und zweiten Lernzielebene formuliert wurde, anzusiedeln. Dabei ist noch nicht an eine Differenzierung z.B. nach Einzelfächern — etwa Physik, Chemie, Biologie — gedacht, sondern an eine Gliederung in umfassendere Problembereiche, aber auch an Beziehungen *zwischen* solchen Problembereichen. Ein solcher Bereich kann z.B. als „Auseinandersetzung des Menschen mit der anorganischen und der organischen Natur" bezeichnet werden, eine bereichsübergreifende Beziehung wäre etwa die zwischen Naturwissenschaft und Technik einerseits und Gesellschaft und Politik andererseits. — Auf dieser Ebene stellen sich Fragen wie die folgenden: Was heißt Urteils- oder Kritikfähigkeit etwa im Bereich naturwissenschaftlich-technischer Erkenntnis- oder Handlungszusammenhänge, im Bereich sprachlicher Kommunikation oder ästhetischer Gestaltungsphänomene? Die Antwort könnte für den Bereich der Auseinandersetzung mit der Natur etwa lauten: U.a. ist Urteils- bzw. Kritikfähigkeit an die Vermittlung der Erkenntnis gebunden, daß naturwissenschaftliche Gesetzesaussagen nicht eine Beschreibung und eine bloße Spiegelung einer „an sich seienden Natur" sind, sondern Ergebnisse eines Prozesses, in welchem der Mensch an die Natur Fragen stellt und sie sich durch Experimente beantworten läßt. Es ginge hier um den Abbau der falschen Vorstellung, daß unsere Naturerkenntnis eine Abbildung einer „an sich seienden Objektwelt" darstellt. — Auf der Ebene bereichsübergreifender Beziehungen würde etwa folgende Zielsetzung liegen: Erkenntnis, daß technische Erfindungen zu unterschiedlichen, ja diametral entgegengesetzten gesellschaftlichen und individuellen Zwecken verwendet werden können. Diese Erkenntnis zielt auf die Erschütterung eines naiven Fortschrittglaubens, also der unreflektierten Meinung, daß technischer Fortschritt eo ipso etwas Positives, etwas gesellschaftlich und politisch zu Bejahendes sei; zugleich liegt darin der Hinweis darauf, daß jede technische Erfindung und ihre gesellschaftliche Ausnutzung daraufhin befragt werden müssen, unter welchen Interessen, mit welchen Zielsetzungen sie entwickelt und gesellschaftlich eingesetzt werden.

Auf einer *vierten* Ebene geht es schließlich um Lernzielbestimmungen im Bereich einzelner Fächer bzw. fächerübergreifender Beziehungen, und zwar in Orientierung an den Zielsetzungen auf den „darüber" liegenden Problemebenen. Hier sind dann z. B. Physik, Chemie, Biologie, Geschichte, Englisch usw. voneinander zu unterscheiden, zugleich aber in ihren möglichen oder notwendigen Beziehungen zu durchdenken. Innerhalb jeder Teildisziplin lassen sich wiederum Hierarchien von generellen fachlichen Zielsetzungen und spezielleren Zielen ermitteln. Wir können jetzt zum Problem der Unterrichtsplanung zurückkehren: In gewisser Weise setzt die Beantwortung der Frage: Auf welche allgemeineren bzw. spezielleren Ziele hin soll dieses Thema ausgelegt werden? — ein System von Lernzielhierarchien voraus. Jedoch ist der Gedanke eines solchen Systems nur als eine regulative Idee zu verstehen. Real kann es sich nie um ein System handeln, das irgendwann einmal endgültig abgeschlossen sein und dann unverändert benutzt werden kann; es muß in jedem Fall als geschichtlich wandelbar betrachtet werden. Jeder entsprechende Entwurf kann durch neue Erkenntnisse auf einer oder mehreren der skizzierten Ebenen verändert werden. Insofern ist es also nicht nur eine vorläufige Praktikabilitätserwägung, wenn man empfiehlt, daß der sich vorbereitende Lehrer bzw. eine Lehrergruppe bzw. Lehrer und Schüler sich an die Beantwortung dieses Fragenkomplexes machen müssen, ohne daß ein ausgearbeitetes Lernziel-Hierarchiesystem vorliegt. Letztlich wird dieser Zustand ein Dauerzustand bleiben, selbst wenn zu hoffen ist, daß die Curriculumtheorie allmählich eine Reihe von weiteren Präzisierungen eines solchen variablen Lernziel-Hierarchiesystems entwickeln kann.

Bei der Frage nach der exemplarischen Bedeutung bzw. nach den Lernzielen muß immer wieder über die Teilfrage entschieden werden, auf welchen Ebenen bzw. bis zu welchen Ebenen der Hierarchie man seine Analyse vorantreiben will. Es wäre abwegig, zu fordern, letzten Endes müsse in jeder Unterrichtsvorbereitung, selbst für eine einzelne Unterrichtsstunde, immer die ausdrückliche Vermittlung mit den generellsten Zielen, also dem Selbstbestimmungs- und Solidaritätsprinzip erfolgen, andernfalls könne man eine Analyse nicht als gründlich und tief genug angesetzt anerkennen. Das ändert freilich nichts daran, daß die genannten allgemeinsten

Zielsetzungen im Prinzip der letzte Orientierungshorizont jeder Unterrichtsplanung im hier vertretenen Sinn sind. Indessen kann nicht erwartet werden, daß z. B. bei der Einführung der Zehnerüberschreitung im ersten Schuljahr argumentativ und explizit ausgeführt werden müsse, inwiefern dieses Thema mit der Selbst- und Mitbestimmungsfähigkeit der Schüler zusammenhängt.

1.3.2 Thematische Strukturierung und Erweisbarkeit

(4. und 5. Frage im Schema)
4. Die vierte Frage, die sich auf die thematische Struktur richtet, erläutere ich durch ihre Aufgliederung in eine Reihe von Teilfragen, die größtenteils bereits in der alten Fassung der Didaktischen Analyse enthalten waren. Zuvor muß jedoch betont werden: Die Thematik des Unterrichts umfaßt immer (oder fast immer) auch Verfahrensweisen, „Methoden" i. w. S. d. W., die Schüler sich aneignen bzw. mit denen sie sich auseinandersetzen sollen: Mathematische oder naturwissenschaftlich-technische Lösungsweisen, das Erkundungsverfahren des Interviews im Rahmen einer Gesellschaftslehre-Einheit, Sprachhandlungsformen oder Konfliktlösungsformen in der Lerngruppe anhand einer konkreten Auseinandersetzung usw. Die Formulierung dieser Beispiele soll darauf hinweisen, daß solche „Methoden" nie getrennt von inhaltlichen Bezügen erarbeitet werden dürften. – *„Methoden" können also selbst „Thema" des Unterrichts bzw. wichtige Momente des Unterrichtsthemas sein,* für sie gelten folglich die nachstehend aufgeführten Teilfragen genauso wie für die i. e. S. d. W. inhaltliche Dimension. („Methoden" in diesem Sinne müssen selbstverständlich von der „Unterrichtsmethode" zunächst unterschieden werden.)
a) Unter welchen Perspektiven soll das Thema bearbeitet werden? Am Beispiel des bereits erwähnten Gewerkschaftsthemas, das sich – etwa in einem Ort mit Stahl- und Eisenindustrie – an der IG-Metall erörtern ließe, könnte die Leitfrage lauten: Was kann die Gewerkschaft für uns 15jährige Schüler, im Hinblick auf unsere zukünftige Lebens- und Berufssituation bedeuten? Einzelaspekte wären z. B.:
– Gewerkschaft unter dem Gesichtspunkt ihrer historischen Ursprungssituation und ausgewählter Hauptstationen ihrer Entwicklung,
– unter dem Gesichtspunkt ihrer gegenwärtigen Programmatik,
– unter dem Gesichtspunkt ihrer Einschätzung durch die Schülereltern am Schulort,
– unter dem Gesichtspunkt ihrer gesellschaftlichen Gegner und Kritiker.
b) Welches ist die immanent-methodische Struktur der jeweils perspektivisch gefaßten Thematik? Dazu zwei Beispiele:
– Das derzeitige Programm des DGB bzw. einer bestimmten Gewerkschaft ist Ergebnis eines innergewerkschaftlichen Willensbildungs*prozesses* auf dem Hintergrund bestimmter Traditionselemente und angesichts eines bestimmten Standes der technischen, ökonomischen und gesellschaftlichen Entwicklung sowie der Strategie ihrer gesellschaftlichen Interessengegner.

— Ein Winkelmesser — als geometrisches Hilfsinstrument — ist fixiertes Ergebnis der halben Dreh*bewegung* eines Schenkels um einen Drehpunkt, der am Ende eines anderen, gleichlangen Schenkels liegt usw.
c) Welche Momente konstituieren die Thematik, jeweils unter bestimmten Perspektiven? Am Beispiel des Teilaspekts „Einschätzung der Gewerkschaft durch Schülereltern und weitere Personengruppen am Schulort" würde sich hier etwa die Aufgliederung nach vermutlichen Wirkungsfaktoren für die Einschätzung der Befragten ergeben: Berufsart und Berufsposition? Mitgliedschaft in der Gewerkschaft oder nicht? Zugehörigkeit zu Parteien oder nicht? Mit welchen Verfahren kann man die entsprechenden Informationen einholen, etwa mit kleinen Interviews, Fragebögen?
d) In welchem Zusammenhang stehen die ermittelten Momente (Strukturfaktoren)? Etwa in einer logischen oder kausalen Folge, einem Wechselwirkungsverhältnis, im Verhältnis von Mittel und Zweck bzw. in komplexeren Gefügen, die verschiedene der genannten oder weiterer Zusammenhangsformen verbinden?
e) Weist die Thematik eine Schichtung, etwa im Sinne von Oberflächen- und Tiefenstrukturen auf?
f) In welchem größeren Zusammenhang bzw. in welchen Zusammenhängen steht — je nach den gewählten Perspektiven — die Thematik?
g) Welches sind die notwendigen begrifflichen, kategorialen Voraussetzungen für die Auseinandersetzung mit dem Thema und welche Verfahren für die Bewältigung des Themas müssen die Schüler entweder mitbringen oder im Zusammenhang der Auseinandersetzung erwerben?
5. Auf die so zu gewinnende *thematische Strukturierung* und die Formulierung von Teillernzielen muß die *fünfte Frage* bezogen werden: Sie richtet sich auf die *Erweisbarkeit* bzw. *die Überprüfbarkeit* eines erfolgreich vollzogenen Aneignungs- bzw. Auseinandersetzungsprozesses: Wie, an welchen erworbenen Fähigkeiten, welchen Erkenntnissen, welchen Handlungsformen, welchen „Leistungen" i. w. S. d. W. soll sich zeigen und soll beurteilt werden, ob die angestrebten Lernprozesse bzw. Zwischenschritte als erfolgreich gelten können?

Dabei ist die Frage nicht nur an den Lehrer, sondern zugleich an die Schüler gerichtet, in dem Sinne, daß sie zunehmend mehr in die Lage versetzt werden sollen, ihren eigenen Lernprozeß unter dem Gesichtspunkt von ihnen eingesehener bzw. von ihnen mitbestimmter, begründeter Zielsetzungen zu beurteilen. Das setzt voraus, daß die Schüler am Prozeß der Bestimmung von Kriterien für erfolgreiche Lernprozesse schrittweise anspruchsvoller beteiligt werden.

In gewisser Weise handelt es sich hier um die Übernahme der Forderung nach „Operationalisierung von Lernzielen". Allerdings muß man m. E. diese Forderung von den mit ihr häufig verbundenen behavioristisch-lernpsychologischen Vorstellungen trennen. Die Forderung danach anzugeben, anhand welcher Handlungsweisen, welcher „Leistungen" bzw. welcher „Symptome" Lehrer und Schüler entscheiden wollen, ob das, was sie im Unterricht erstrebten, in irgendeinem Grade erreicht oder nicht erreicht worden ist, ist *ablösbar* von der Vorstellung, daß Lernvorgänge im Sinne der behavioristischen Lerntheorie verstanden werden müßten, nämlich im Sinne einer außengesteuerten Verhaltensveränderung.

Bei anspruchsvolleren Zielsetzungen – etwa, wenn es darum geht, die Urteilsfähigkeit von Schülern über die Ambivalenz technischer Erfindungen an einem bestimmten Thema zu entwickeln – wird es sich nicht darum handeln können, in Normarbeiten oder lernzielorientierten Tests abfragbare und direkt nachweisbare „Verhaltensqualitäten" zu überprüfen. Vielmehr müssen sich der planende Lehrer bzw. die Lehrergruppe oder Lehrer und Schüler so etwas wie eine „Symptomatologie" erarbeiten: Was soll als Hinweis darauf gelten, daß Schüler hinsichtlich ihrer Urteilsfähigkeit angesichts des Problems „Ambivalenz der Technik" durch diese Unterrichtseinheit einen Lernfortschritt gemacht haben? Die Übersetzung in einen bestimmten lernzielorientierten Test oder einen Satz von Multiple-Choice-Fragen wird für solche anspruchsvolleren Qualifikationen in der Mehrzahl der Fälle wahrscheinlich ein unangemessenes Verfahren sein. Man wird also auf weniger eindeutig bzw. oberflächlich objektivierbare Kriterien abheben müssen. Die Frage ist: Gelingt es, einleuchtende Symptome zu benennen, angesichts derer die Vermutung berechtigt ist, daß Schüler einen Fortschritt in dieser oder jener Richtung haben machen können?

Ich deute noch ein weiteres Beispiel an: In einer längeren Unterrichtseinheit mag es insbesondere darum gehen, kritische Kooperationsfähigkeit der Schüler durch Gruppenunterricht an bestimmten, begründbaren Themen zu entwickeln; „kritisch" meint dabei, daß Schüler nicht unter jeder Bedingung „harmonisch" mit den Nachbarn oder der Gruppe kooperieren, sondern daß sie den Kooperationsprozeß auf seine Ziele hin durchdenken, Meinungsverschiedenheiten produktiv austragen usw. Auch hier dürfte es kaum möglich sein, den Lernerfolg am Ende einer solchen Unterrichtseinheit mit einem Test zu überprüfen. Vielmehr wird es darauf ankommen, daß der Lehrer seine Klasse im Arbeitsprozeß beobachtet und die Schüler schrittweise befähigt, ihren Arbeitsprozeß selbst zu beobachten. Dazu ist es notwendig, Kriterien und Symptome zu benennen, von denen mit einer gewissen Wahrscheinlichkeit bzw. nach einem Diskussionsprozeß mit anderen Kollegen, Eltern und Schülern gesagt werden kann: Wenn Schüler diese oder jene Handlungsweisen vollziehen, so dürfen wir mit einem hinreichenden Grad von Gewißheit annehmen, daß die angestrebten Lernziele bis zu irgendeinem Grade erreicht worden sind bzw. daß wir uns diesen Lernzielen ein Stück weit angenähert haben.

1.3.3 Zugänglichkeit und Darstellbarkeit

(6. Frage)
6. Die *sechste Grundfrage* richtet sich auf das *Problem der Zugänglichkeit bzw. der Darstellbarkeit (i. w. S. d. W.)* der Thematik bzw. einzelner ihrer Momente und Teilzusammenhänge. Zugänge können z. B. über konkrete Handlungen, Spiele, Erkundungen, Rekonstruktionen oder Konstruktionen oder durch Darstellung bzw. Verfremdung in Medien – Bildern, Modellen, Collagen, Filmen usw. – gewonnen werden.

Hier muß – unter Bezugnahme auf die Bedingungsanalyse – nach ggf. sozialisationsspezifisch unterschiedlichen Zugangs- bzw. Darstellungsmöglichkeiten oder -notwendigkeiten für verschiedene Schwierigkeiten, Zugänge zur Thematik zu finden, damit zugleich nach möglichen „Störfaktoren" gefragt werden.

Ich skizziere ein Beispiel: In den Unterrichtsversuchen im Rahmen der Arbeit der „Großen Hessischen Curriculumkommission", die der späteren Rahmenrichtlinienarbeit vorausging, 1971 aber – m. E. als schwere kulturpolitische Fehlentscheidung – ohne hinreichende Gründe abgebrochen wurde, haben wir z. B. folgende Erfahrung gemacht: Bei einer anscheinend sehr gut vorbereiteten Unterrichtseinheit, die in Hauptschul-, Realschul-, Gymnasial- und Gesamtschulklassen durchgeführt wurde, sollte der Einstieg in das Thema „Urlaub" über Prospekte für Auslandsreisen erfolgen. Von diesem Anstoß ausgehend sollten dann zunächst eigene Urlaubsplanungen und Erfahrungen der Schüler reflektiert werden. Es erwies sich aber, daß dieses Thema zwar in den Realschulen und Gymnasien über ein solches Ausgangsmaterial gut zugänglich wurde, daß ein erheblicher Teil der Haupt- und Gesamtschüler aber uninteressiert blieb. Ursache war offenbar, daß für die Mehrzahl der Haupt- und Gesamtschüler Auslandsreisen im ersten Augenblick vielleicht eine spektakuläre, aber doch mehr oder minder „ferne" Angelegenheit *anderer* Leute waren, daß aber das, was durch jenen „Einstieg" erreicht werden sollte, nämlich die Reflexion auf *eigene* Erfahrungen im Zusammenhang mit Urlaub, nicht zustandekam. Der sozialisationsspezifische Zugang hätte für diese Schüler offenbar ein anderer sein müssen. Die sechste Grundfrage schließt auch seine Besinnung auf die *institutionellen Bedingungen des Unterrichts* ein, einschließlich der Frage, wieweit gegebene Bedingungen zum Zwecke der Durchführung des geplanten Unterrichts verändert werden können.

1.3.4 Methodische Strukturierung bzw. Strukturierung des Lehr-Lern-Prozesses

7. Die sechste Grundfrage ist das Verbindungsglied zur *siebenten Grundfrage*. Sie war in der alten Fassung der Didaktischen Analyse aufgrund der Eingrenzung auf den Zusammenhang von Zielsetzungen und thematischer Strukturierung nicht enthalten.

Diese siebente Frage, die sich bei detaillierter Bearbeitung wiederum als ein Fragenkomplex erweisen würde, richtet sich darauf, wie die durch die vorangehenden Fragen ermittelten Momente in eine *sukzessive Abfolge eines Lehr-Lern-Prozesses* bzw. in *alternative Möglichkeiten solcher Abfolgen* übersetzt werden können. Die Frage richtet sich also auf die *methodische Strukturierung* bzw. die *Strukturierung des Lehr-Lern-Prozesses*. Gleichzeitig wird damit immer nach *Interaktionsformen,* in denen sich die Abfolge des Lehr-Lern-Prozesses vollziehen kann, gefragt. Das bedeutet: Methoden des Lehrens und Lernens müssen hier nicht nur als der jeweiligen Thematik dienende Lernformen und Lehrhilfen, sondern auch in ihrer

Funktion als Anreger und Vermittler (oder auch als Begrenzungen) sozialer Lernprozesse durchdacht und für den gezielten Einsatz im Unterricht vorgesehen werden. Bei der weiteren Arbeit an einem neuen Konzept der Unterrichtsplanung muß der Bezug zu älteren und neueren Ansätzen der *Lehr-Lernforschung* und der *unterrichtlichen Interaktionsanalyse* aufgenommen werden. Ich kann hier nur noch eine wichtige Teilfrage andeuten: Sie besteht darin, Grundtypen von Lernprozessen — verstanden als aktive Aneignungs- und Auseinandersetzungsprozesse, die letztlich am Ziel orientiert sind, Selbstbestimmungs- und Solidaritätsfähigkeit zu entwickeln — herauszuarbeiten und diesen Grundtypen angemessene Lernhilfen (Hilfen seitens des Lehrers) zuzuordnen.

Ich hatte bereits eingangs angedeutet, daß mir die beiden wichtigsten, einander m.E. ergänzenden und sich vielfach verschränkenden Lernprozeß-Typen, die jenen Zielsetzungen entsprechen, diejenigen des entdeckenden Lernens — etwa im Sinne *Copeis, Bruners* und anderer — und des nachvollziehend-verstehenden Lernens (hier bedarf es u.a. einer kritischen Auseinandersetzung mit *Ausubel*) zu sein scheinen. Ich bin der Auffassung, daß in diesem Zusammenhang auch Momente der Theorie *Galperins* über den stufenweisen Aufbau geistiger Fähigkeiten integriert werden müssen. Ihr Grundgedanke ist allerdings nicht so neu, wie es manche der Rezeptoren meinen, und die Reichweite dieser Theorie scheint mir, unter anderem in Folge der Ausklammerung der Frage nach der Bedeutsamkeit des zu Lernenden und der Motivationsfrage, geringer zu sein, als bisweilen unterstellt wird.

1.4 Grenzen des Unterrichtsplanungskonzepts und praktische Verwendungsmöglichkeiten: 6 Thesen

1. Selbst ein ausgearbeiteter, revidierter und erweiterter Entwurf zur Unterrichtsplanung im Sinne kritisch-konstruktiver Didaktik wird bestimmte Grenzen aufweisen, die schon der Didaktischen Analyse zum Vorwurf gemacht worden sind, die ich aber für unübersteigbar halte: Ein solcher Entwurf kann in keinem Falle ein normatives Kriteriensystem sein, dessen Anwendung begründete, konkrete Unterrichtsentscheidungen garantiert; er kann nicht bereits die Antworten auf die in dem Raster aufgeworfenen Fragen enthalten, kann also einem Unterricht planenden Lehrer, einer Lehrergruppe oder Lehrern und Schülern die didaktischen Entscheidungen und Begründungen im konkreten Falle nicht abnehmen. Daher verbleibt auch der hier vorgelegte Entwurf *in den Grenzen eines Problematisierungsrasters,* das Dimensionen und generelle Kriterien des Unterrichts bzw. der Unterrichtsplanung benennt und damit bewußt macht, hinsichtlich derer begründete, konkrete Entscheidungen aber immer nur in den jeweiligen praktischen Situationen getroffen werden können.

2. Eine Grenze der Leistungsfähigkeit eines solchen Rasters liegt auch darin, daß es — als allgemeindidaktisches Konzept — die *Dimension der bereichs- und fachdidaktischen Konkretisierung* nicht überspringen kann. Antworten auf die allgemeindidaktisch gestellten Fragen können nur unter Zuhilfenahme bereichs- und fachdidaktischer Erkenntnisse gefunden werden. Allerdings gilt ebenso: Die allgemeindidaktischen Fragedimensionen werden mit dem Anspruch formuliert, daß sie auch für die bereichs- und fachdidaktischen Überlegungen verbindlich sind.

3. Die hohen und differenzierten Anforderungen, die Unterrichtsplanung heute stellt und in Zukunft in zunehmendem Maße stellen wird, führen zu der Forderung, sie in zunehmendem Maße von *Lehrergruppen (nach Möglichkeit unter Beteiligung von Schülern)* durchzuführen. Daraus folgt u.a. auch, daß die erste und die zweite Phase der Lehrerausbildung bzw. integrierte Ausbildungsformen junge Lehrer auf diese *Aufgabe gemeinsamer Unterrichtsplanung* vorbereiten müßten.

4. Auf welche Gliederungseinheiten des Unterrichts ist der Planungsentwurf bezogen? Die Antwort lautet: so unverzichtbar einerseits globale Jahres- oder Halbjahres- oder Trimesterpläne sind und so gewiß andererseits in der Mehrzahl unserer Schulen die 45-Minuten-Stunde immer noch den formal-organisatorischen Rahmen des Unterrichts absteckt: für didaktisch begründete Unterrichtsplanung muß m. E. *die thematisch bestimmte Unterrichtseinheit* oder *das Unterrichtsprojekt* bzw. durch einen zielorientierten, thematischen Zusammenhang definierte *Lehrgangssequenz* als *Grundeinheit* betrachtet werden; erst in diesem Rahmen kann der didaktische Ort einzelner Unterrichtsstunden oder Doppelstunden bestimmt werden.

5. *Unterrichtsplanung* im hier vertretenen Sinn kann nie mehr als ein *offener Entwurf* sein, der den Lehrer zu reflektierter Organisation, Anregung, Unterstützung und Bewertung von Lernprozessen und Interaktionsprozessen, also zu *flexiblem Unterrichtshandeln* befähigen soll. Der Maßstab für die didaktische Qualität einer Unterrichtsplanung ist nicht, ob der tatsächlich abgelaufene Unterricht dem Plan möglichst genau entsprach, sondern ob die Planung dem Lehrer didaktisch begründbares, flexibles Handeln im Unterricht und den Schülern produktive Lernprozesse, die einen — wie auch immer begrenzten — Beitrag zur Entwicklung ihrer Selbstbestimmungs- und Solidaritätsfähigkeit darstellen, ermöglichte.

6. Ein *Planungsraster* muß an dem Ziel orientiert sein, möglichst alle wesentlichen Dimensionen des Unterrichts und ihre Beziehungen zur Sprache zu bringen. Diese Zielsetzung darf aber nicht mit dem Postulat gleichgesetzt werden, der planende Lehrer müsse — gegebenenfalls unter Mitwirkung der Schüler — seine Antworten auf alle Fragen des Rasters bei jeder Unterrichtsplanung explizit ausformulieren und schriftlich niederlegen. Das wäre eine nicht praktikable Forderung. Indessen gilt die Empfehlung,

daß nicht nur für den jungen bzw. den angehenden Lehrer, sondern auch für den versierten Lehrer eine von Zeit zu Zeit durchgeführte, ausführliche und schriftlich fixierte Unterrichtsvorbereitung eine wichtige Hilfe zur Weiterentwicklung seiner pädagogischen Qualifikation ist.

1.5 Anmerkungen

[1] Zur Bildungstheoretischen Didaktik im Rahmen kritisch-konstruktiver Erziehungswissenschaft vgl. ausführlicher *Wolfgang Klafki:* Unterrichtsplanung im Sinne kritisch-konstruktiver Didaktik. In: *E. König, N. Schier, U. Vohland* (Hrsg.): Verfahren und Modelle der Unterrichtsplanung. München: Juventa 1980, S. 11–48.
Die erziehungswissenschaftliche Position, auf der die im folgenden skizzierten Überlegungen zur Unterrichtsplanung beruhen, und die Konsequenzen für die Weiterentwicklung der Didaktik sind vor allem in folgenden Beiträgen dargestellt worden:
Wolfgang Klafki: Erziehungswissenschaft als kritisch-konstruktive Theorie. Jetzt in *W. Klafki:* Aspekte kritisch-konstruktiver Erziehungswissenschaft. Weinheim: Beltz 1976, S. 13–49.
Ders.: Organisation und Interaktion in pädagogischen Feldern. Zeitschrift für Pädagogik, 13. Beiheft. Weinheim: Beltz 1977, S. 11–37.
Ders.: Ideologiekritik. In: *L. Roth* (Hrsg.): Methoden erziehungswissenschaftlicher Forschung. Stuttgart: Kohlhammer 1978, S. 146–167.
Ders.: Thesen und Argumentationsansätze zum Selbstverständnis kritisch-konstruktiver Erziehungswissenschaft. In: *E. König* (Hrsg.): Erziehungswissenschaftliche Forschung: Probleme, Prioritäten, Perspektiven. München: Fink 1980.
Ders.: Zur Entwicklung einer kritisch-konstruktiven Didaktik. In: Die Deutsche Schule 1977, S. 703–716.
Ders.: Zum Verhältnis von Didaktik und Methodik, jetzt in: *W. Klafki, G. Otto, W. Schulz:* Didaktik und Praxis. Weinheim: Beltz ^{2}1979, S. 13–39.
[2] Es ist im folgenden aus Platzgründen unmöglich, jeweils ausführlicher zu erörtern, in welchem Verhältnis meine jetzigen Überlegungen zu den einschlägigen Arbeiten anderer Kollegen (vgl. *Herwig Blankertz:* Theorien und Modelle der Didaktik. München: Juventa ^{9}1975) und zu meinen eigenen früheren Beiträgen zu unserem Problemkreis (vgl. *Wolfgang Klafki:* Studien zur Bildungstheorie und Didaktik. Weinheim: Beltz ^{10}1975) stehen; das kann nur an einigen Stellen angedeutet werden.
[3] Ich weise vorausgreifend darauf hin, daß es mir bisher nicht gelungen ist, dieses generelle Postulat nach sozialem Lernen im Unterricht in einer begrifflich stimmigen und zugleich an unterrichtlicher Erfahrung erhärteten Weise in meine Überlegungen zur Unterrichtsplanung zu integrieren, und zwar vor allem deshalb, weil mir die Beziehung zwischen den sozialen und den im engeren Sinne des Wortes inhaltsbezogenen Lernprozessen immer noch unklar ist.

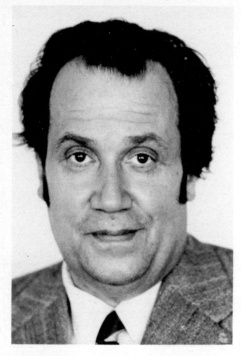

Wolfgang Schulz, Dr. phil., Jg. 1929,
ist o. Professor für Erziehungswissenschaft
an der Universität Hamburg.

Anschrift:
Hohenzollernring 27
2000 Hamburg 50

Wichtige Publikationen

Unterricht. Analyse und Planung. Zus. mit *P. Heimann/G. Otto*. Schroedel, Hannover, [5]1970.
Didaktik und Praxis. Zus. mit *W. Klafki/G. Otto*. Beltz, Weinheim, [2]1979.
Unterrichtsplanung. Urban & Schwarzenberg, München, 1980.
Wolfgang Schulz ist Mitherausgeber der Buchreihe Praxis und Theorie des Unterrichtens.

2 Die lehrtheoretische Didaktik

Oder: Didaktisches Handeln im Schulfeld
Modellskizze einer professionellen Tätigkeit

Wolfgang Schulz

2.1 Einführung

Eine Skizze muß sich oft mit Andeutungen begnügen, über ihre Grundlagen habe ich zuletzt in ‚Didaktik und Praxis' (zus. mit *G. Otto* und *W. Klafki*), Weinheim ²1979 mehr gesagt. Eine Konkretisierung wird in ‚Unterrichtsplanung', München 1979 versucht. Daher stammen auch die grafischen Verdeutlichungen. Ein Konzept soll in der Skizze deutlich werden, ein Rezept wird nicht gegeben. Die Entwicklung dieses Konzepts aus älteren Arbeiten wird erst am Schluß angesprochen.

Unterricht und Schule — dieser vielschichtige, widerspruchsvolle, unter unterschiedlichsten Perspektiven interpretierbare Bereich unseres gesellschaftlichen Lebens strukturiert sich für uns, für Lehrerinnen und Lehrer, für Studenten und Dozenten der Didaktik und Schulpädagogik, als Handlungsfeld, als Feld unseres didaktischen Handelns. Diese Handlungsaufgabe versuche ich in einem Modell so zu begreifen, daß wir besser eingreifen können, verantwortbarer, effizienter, aufgeklärt über die Bedingungen dieses Handelns und handelnd Stellung nehmend.

Von einem Handlungsmodell darf man, finde ich, erwarten, daß es Bedingungen, unter denen es brauchbar zu sein behauptet, angibt, und daß es den Standpunkt, von dem aus es diese Bedingungen interpretiert, offenlegt und begründet. Nicht erwarten sollte man, finde ich, von einem Modell, daß es alle denkbaren Probleme eines Handlungsfeldes aufwirft: Es arbeitet mit Reduktion, mit Beschränkung auf das vom gewählten Standpunkt aus besonders Wichtige. Es arbeitet mit Akzentuierung der Seiten des reduzierten Feldes, die zu beachten dem Handelnden besonders nahegelegt werden soll. Dies geschieht mit dem Anspruch auf Transparenz des Konzentrationsvorgangs. Der Adressat soll wissen, woran er ist. Letztlich soll die Fruchtbarkeit, die Produktivität des Modells für die Selbststeuerung der didaktisch Handelnden entscheiden, welche Funktion es haben wird.

2.2 Bedingungen und Voraussetzungen

Dieses Modell didaktischen Handelns im Schulfeld ist brauchbar nur in einer so komplexen Gesellschaft wie der unsrigen, in der lebensnotwendige Bestandteile der Reaktion der Gesellschaft auf die Entwicklungstatsache nicht mehr in der Sozialisation durch Mitleben des Erwachsenenalltags vermittelt werden können, sondern *intentional* pädagogischer Interaktion bedürfen, und zwar *regelmäßig,* die Vorinterpretation der Welt durch Wissenschaften, Techniken, Künste einbeziehend — *disziplinorientiert* —, *institutionalisiert* und dadurch relativ unabhängig vom Wechsel der Lernenden und Lehrenden, weil es sich um eine konstitutive Aufgabe des sozialen Systems handelt, eine Aufgabe, für die man sich *professionalisiert,* um zwischen gesellschaftlichem Auftrag und den Erwartungen der Klientel, der Schüler, anspruchsvoll zu vermitteln.

Das Modell setzt eine Gesellschaft voraus, die so dynamisch ist wie unsere, d.h. wegen der raschen Entwicklung ihrer Arbeits-, Herrschafts- und Freizeitbedingungen von ihren Mitgliedern in wachsendem Maße *allgemeine Qualifikationen* der Behandlung wechselnder Gegenstände erwartet, eine *Sozialisation für das Leben in sich wandelnden sozialen Klein- und Großverbänden* mit unterschiedlichen Normenhorizonten, Rollenerwartungen und Handlungsmöglichkeiten bietet bzw. voraussetzt. Es wird hier nicht unterstellt, daß diese Gesellschaft die *Selektion* für die leitenden Positionen und deren Bindung an die *Integration* der Mitglieder der gleichen Gesellschaft durch u.a. gerade auch die Schule und den Unterricht gerecht gelöst habe. Minimalbedingung für die Brauchbarkeit dieses Ansatzes ist aber die Möglichkeit, die Widersprüche zwischen dem Anspruch aller Mitglieder der Gesellschaft auf Entfaltung ihrer Person, auf Chancengerechtigkeit, auf Schutz in einer brüderlich/schwesterlichen Verantwortungsgemeinschaft der Menschen füreinander auf der einen Seite und der immer wieder sich erneuernden Ungleichheit auf der anderen zum Problem der Schularbeit zu machen. Damit wird die *Legitimität* der gesellschaftlichen Forderungen gegenüber ihren Mitgliedern an die Möglichkeit der Relativierung des status quo gebunden, an die Möglichkeit der Untersuchung der Gründe für inhumane Züge der Gesellschaft, der Erörterung von Alternativen; so hält Schule die Chance zu ihrer und der Gesellschaft Veränderung offen.

Das Modell interpretiert die Bedingungen von einem Vorverständnis der didaktischen Aufgabe her, das sich zunächst aus einer philosophischen *Rekonstruktion der (sozialen) Handlung* ergibt: Eine soziale Handlung, eine Handlung, bezogen auf andere Mitglieder der Sozietät, hat dialogischen Charakter. Das gilt auch dann, wenn die aneinander Handelnden nicht unmittelbar miteinander sprechen. Denn sozial Handelnde, also auch unterrichts- und schulbezogen Handelnde, können von ihren Interaktionspartnern, hier den anderen Teilnehmern am Unterricht, nur verstanden werden, wenn sie und ihre Partner „etwas in bezug auf eine (widerfahrene oder fingierte) Situation und vor einem erschließungskräftigen Hintergrund (gemeinsamen Wissens sowie gemeinsamer Begriffe) als etwas Bestimmtes verstehen, das für den Urheber einer Handlung, Handlungsorientierung oder eines Ausgedrückten und für den Interpreten gleichbedeutend sein und das in gleichen Begriffen expliziert werden" kann; so *Dietrich Böhler* „zu einer philosophischen Rekonstruktion der Handlung"[1]. Mit anderen Worten: Etwa didaktisch Handelnde sind darauf angewiesen, daß ihre Interaktionspartner, hier die Schüler, ihre Intentionen und die Interpretation der Bedingungen, die sie damit vollziehen, als didaktisch Gemeinte überhaupt verstehen und akzeptieren können, damit sie Unterricht und Schule in der gemeinten Weise aus ihrer Sicht mittragen können.

Das gilt für jedes soziale Handeln, in besonderer Weise aber gilt es für Unterricht in der Schule. Denn der *Sinn dieser pädagogischen Interaktionen* ist ja unmittelbar nicht eine Verständigung über das Handeln als Eingreifen in natürliche und gesellschaftliche Zusammenhänge, so über Produktion von etwas, sondern — *Klaus Mollenhauer* hat darauf hingewiesen[2] — Verständigung über die Entfaltung der (Schüler-)Person selbst, über deren Sinnorientierung und Handlungsdisposition: *Die Selbstproduktion hier der Schüler als orientierte und handlungsfähige Mitglieder der Gesellschaft* kann schließlich nicht zustandekommen ohne die Verständigung mit ihnen über die Aufgabe, nicht, indem sie ohne ihre Mitbestimmung zu einer Disposition genötigt werden, die allein dadurch gerechtfertigt wird, daß sie den gesellschaftlichen Auftraggebern nutzt.

Diese Auffassung vom Charakter der Interaktionen, die didaktisch Handelnde im Schulfeld intendieren, ist richtig unter der Voraussetzung, daß Erziehung nur als Dialog zwischen potentiell handlungsfähigen Subjekten vertretbar ist[3], nicht als Unterwerfung eines Unterrichts- und Erziehungsobjektes unter die Absichten des Lehrers und Erziehers, weil wir uns in anthropologischer Reflexion als zur Freiheit Bestimmte, in diesem Anspruch auf Selbstverwirklichung Gleiche und einander Zugewandte, füreinander Verantwortliche erfahren. Diese Auffassung ist nur realisierbar unter der Voraussetzung, daß sich in gesellschaftstheoretischer Reflexion die Herrschaftsformen der Sozietät den Anspruch auf persönliche Lebensführung anerkennen und die gewaltfreie Auseinandersetzung mit Widersprüchen und inhumanen Zügen der Gesellschaft ermöglichen: Nur in freiheitlich-demokratischen und sozialen Demokratien ist dies realisierbar.

In den zurückliegenden Jahren ist oft davon gesprochen worden, daß Emanzipation die Leitidee einer solchen Auffassung von Erziehung und Unterricht sei. Einerseits, meine ich heute, ist das zu hoch gegriffen: Emanzipation als Befreiung von überflüssiger Herrschaft und zu möglichst weitgehender Verfügung aller über sich selbst kann nicht in einer Institution allein geleistet werden, in der Herrschaft nicht begründet wird, deshalb auch nicht abgeschafft werden kann, sondern die selbst ihren Handlungsspielraum nur den Widersprüchen und Selbstbeschränkungen bestehender Herrschaft verdankt. Andererseits darf sie auch nicht für die Schüler ohne diese selbst angestrebt werden, in dem Sinne, in dem Lehrer und Erzieher in der Versuchung sind, die Schüler zu Hilfssheriffs der Durchsetzung der politischen Ordnungsvorstellungen ihrer Lehrer zu machen, unter Ausnutzung einer Monopolstellung. Die Meinungen des Lehrers sind ein Mittel unter anderen, die Schüler zu ermutigen, sich ihre eigene Haltung zu erarbeiten und sie immer wieder zu überprüfen. Und wenn mit Hilfe der Lehrer die unkritische Verinnerlichung bestehender Zustände relativiert wird und die Befähigung zur Frage an die Verhältnisse, zum Durchspielen alternativer Antworten gegeben ist und erhalten bleibt, dann macht das und nur das meiner Ansicht nach die *emanzipatorische Relevanz* von Unterricht aus[4].

2.3 Struktur und Prinzipien

Wenn ich unter diesen Bedingungen, interpretiert von meinen Voraussetzungen her, auf das Handlungsfeld reflektiere, dann drängen sich mir (vgl. Abb. 1) die folgenden Strukturmomente auf:
Didaktisches Handeln zielt auf eine Verständigung der primär *Lehrenden* (L–L) (auch untereinander) mit den primär *Lernenden* (S–S) (auch untereinander) über die Handlungsmomente, über
- die *Unterrichtsziele* (UZ),
- die *Ausgangslage* (AL), auf die sie sich beziehen,
- die *Vermittlungsvariablen* (VV), die Methoden und Medien, mit deren Hilfe von der Ausgangslage zur jeweils vorläufigen Endlage gelangt werden soll,
- die *Erfolgskontrollen* (EK), die Schülern wie Lehrern die Selbststeuerung in der unterrichtlichen Kommunikation ermöglichen.

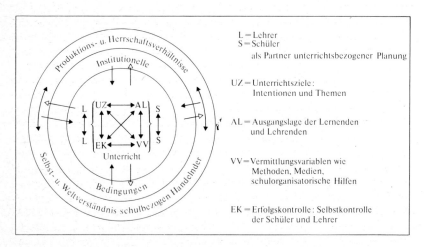

Abb. 1: Umrißplanung einer Unterrichtseinheit. Handlungsmomente didaktischen Planens in ihrem Implikationszusammenhang

Und diese Verständigung wird determiniert durch die institutionellen *Bedingungen*, die Lehrenden wie Lernenden einerseits einen gewissen Handlungsspielraum eröffnen, andererseits aber auch Handlungsmöglichkeiten ausschließen, hemmen oder uminterpretieren können, wie dies in der Diskussion um den heimlichen Lehrplan deutlich geworden ist.
Es bleibt zu erwähnen, obwohl es trivial erscheint, weil es doch so wichtig ist, daß dieses Feld durch seine Bezüge zu den Feldern der Arbeit, der Herrschaft, der Kultur in der Gesellschaft – über die Unterrichtsteil-

nehmer wie über die Determiniertheit der institutionellen Bedingungen — nur relativ ausgrenzbar ist, ständigem Einfluß unterliegt und selbst bedingend auf andere Felder zurückwirkt. Wer die Bedingungen, die über Lehrpläne und Lernmaterialien, über Schulorganisation und Schulverfassung, über Lehrerstudium und Lehrerweiterbildung, über die vorgängige und begleitende Sozialisation der Schüler in die Schule hineinwirken, für entscheidend und quasi lückenlos determinierend hält, gelangt, wie *Fend* sagt, zu einer Art *politökonomischen Determinismus*. Eine didaktische Handlungstheorie erübrigt sich; sie ergibt sich aus der Gesellschaftsanalyse: Lehrerinnen und Lehrer werden als eine Art Kalfaktoren des Anpassungsprozesses der Heranwachsenden an die Arbeits-, Herrschafts- und Kulturbedingungen des Lebens in dieser Gesellschaft interpretiert. Wer dagegen die Lage in der Hoffnung interpretiert, daß ‚der Geist weht, wo er will', wird die Bedingungen entweder zu ignorieren, zu überspielen oder aber zum Bewußtsein zu bringen versuchen, Illusionen verbreiten oder Subversion erzeugen, geleitet von einem *idealistischen Indeterminismus*. Mir scheint die alltägliche Erfahrung unterschiedlichster Schulwirkungen unter gleichen Bedingungen gegen die Überschätzung der Determination zu sprechen, und die Schwäche des idealistischen Indeterminismus scheint mir darin zu liegen, daß er einem überhöhten Anspruch der Lehrer an sich selbst Vorschub leistet, der sich an der Realität schnell bis zur Resignation abarbeitet. Ich interpretiere, wenn ich das richtig sehe, das Handlungsfeld in der Haltung eines *skeptischen Reformismus:* Durchaus skeptisch gegenüber den Möglichkeiten einer Schulerziehung, allein etwa Emanzipation zu bewirken, unterstelle ich nach Selbstverständnis und Widersprüchlichkeit des schultragenden Systems einen mehr oder weniger ausnutzbaren Handlungsspielraum für die Beschäftigung mit den Gegebenheiten als Aufgabe. Das didaktische Handeln besteht aus einer ganzen Reihe aufeinander bezogener, komplexer Tätigkeiten, aus (vgl. Abb. 2, S. 35) dem *Analysieren,* dem *Planen* und dem *Realisieren* von Unterricht, dem *Beraten* der Unterrichtsteilnehmer, dem *Beurteilen* ihres Lern- und Lehrfortschritts, dem *Verwalten* der Institution und dem *korporativ Handeln,* bezogen auf das Gruppeninteresse an der Institution (Schülervertretung, Elterninitiativen, Lehrergewerkschaft). Für alle diese Tätigkeiten gelten nach den Prämissen des Modells mindestens die folgenden *vier prinzipiellen Überlegungen:*

1. Die Intention, in Unterricht und Schule *Kompetenz* zu vermitteln, d.h. hier die zur individuellen und gesellschaftlichen Reproduktion erforderlich erachteten Kenntnisse, Fertigkeiten und Einstellungen, ist nur in einem Kontext legitimiert, in dem damit ausdrücklich zugleich *Autonomie*, Selbstbestimmung gefördert wird, Verfügung über sich selbst als Anspruch aller Menschen. Aus diesem Anspruch ergibt sich ein anderer: Handeln nach verallgemeinerungsfähigen, d.h. nicht gegen Kompetenz- und Autonomiestreben anderer gerichteten Normen, und Mitdenken, Mitfühlen und Mithandeln mit denen, die jeweils um partikularer Interessen willen benachteiligt werden: *Solidarität*. Diese Intentionen stehen in einem Implikationszusammenhang, in dem sie einander wechselseitig näher bestimmen: Kompetenz

nicht ohne Selbstbestimmung, Selbstbestimmung nicht ohne Kompetenz; Solidarität als Verantwortung für die Selbstbestimmung des anderen, keine Selbstbestimmung ohne Solidarität; aber auch kein Kompetenzstreben auf Kosten der Solidarität und keine Solidarität auf Kosten der Kompetenzvermittlung.

2. Die Thematik des Unterrichts ist natürlich die Vermittlung von *Sacherfahrung,* wobei auch die Art und Weise der Gestaltung der sozialen Beziehungen beim Umgang mit der Sache und die Gefühle, die dies aktualisiert, die Sache sein können, mit der man kompetent, autonom und solidarisch umgehen lernt. Aber auch sonst werden *Sozialerfahrung* und *Gefühlserfahrung* nicht unbeachtet gelassen: Qualifikation und Sozialisation interpretieren sich im Unterricht wechselseitig. Qualifikationsaufgaben können so verfolgt werden, daß sie unerwünschte (oder insgeheim gewünschte) Sozialisationswirkungen haben, Wirkungen auf Normenbildung, Rollenverhalten und soziale Handlungsstrategien. Umgekehrt können etwa autoritäre Sozialisationsprozesse jede für sich interessante Sacherfahrung zum Bestandteil quälender Fremdbestimmung werden lassen.

3. Ich folge *Paul Heimann,* wenn ich betone, daß nur der intentionale und der thematische Aspekt zusammen eine vollständige Zielvorstellung ergeben[5]: Absichten werden anhand von Gegenstandsbereichen verfolgt, Gegenstände werden erst unter intentionalen Gesichtspunkten zu Themen (Abb. 3)[6].

Themen (Erfahrungsaspekte) / Intentionen (Absichten)	I Kompetenz	II Autonomie	III Solidarität
Sacherfahrung 1	I/1	II/1	III/1
Gefühlserfahrung 2	I/2	II/2	III/2
Sozialerfahrung 3	I/3	II/3	III/3

Abb. 3: Zur Perspektivplanung des Unterrichts. Heuristische Matrix zur Bestimmung von Richtzielen emanzipatorisch relevanten, professionellen didaktischen Handelns

4. Der *Modus,* die Art und Weise, in der die Fragen der Unterrichtsanalyse, -planung, -realisation und die damit zusammenhängenden sozialen Tätigkeiten bestimmt, begründet, revidiert werden, interpretiert den Unterricht und die Schule als Funktionalisierung der Schüler oder als Emanzipationshilfe. Die Professionalität der Lehrkräfte, ihr Informations- und Reifungs-

vorsprung, ihr Amtsbonus – sie könnte, verkürzt aufgefaßt, zur Objektivierung der Schüler beitragen, oder, kritisch verstanden, geradezu so etwas wie die Antizipation herrschaftsfreier Kommunikation bewirken, wie sie aus Verantwortung für die Mündigkeit der Klientel die kritische Interpretation des gesellschaftlichen Auftraggebers im Interesse der kindlich/jugendlichen Emanzipation als professionelle Aufgabe in der unterrichtlichen Interaktion begreift.

Eine Interaktion, die dies ermöglicht, hätte – analog zur themenzentrierten Interaktion der *Ruth Cohn* – eine Balance zwischen den Ansprüchen der (gesellschaftlich vermittelten) Sache, der Thematik und den Ansprüchen der einzelnen Mitglieder der Lehr-Lern-Gruppe herzustellen und den Ansprüchen der Gruppe als beide vermittelndes Sozialgebilde (vgl. Abb. 4). Die Intentionen, Kompetenz, Autonomie und Solidarität zu vermitteln, beziehen sich ja nicht nur auf die Sacherfahrung, sondern ebenso auf die Sozialerfahrung und die Gefühlserfahrung. Die letzteren werden vorrangig durch den Modus der Lehr-Lern-Arbeit vermittelt.

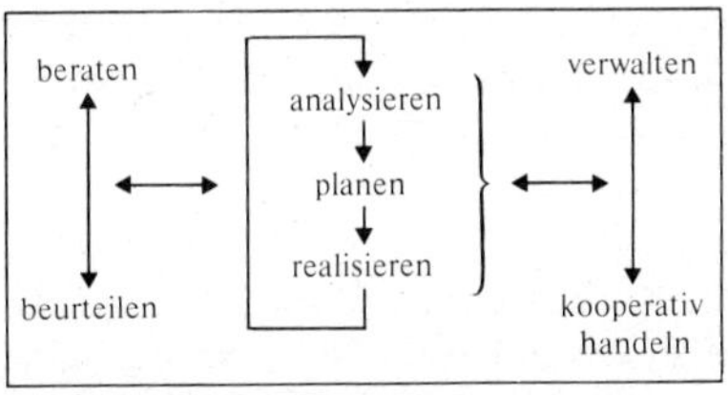

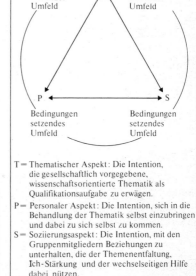

Abb. 2: Funktionen didaktischen Handelns

Abb. 4: Balance der Aufgaben unterrichtlicher Interaktion zwischen potentiell handlungsfähigen Subjekten

2.4 Probleme der Planung auf drei Planungsebenen

Diese Skizze kann aus Raumgründen nur für eine Funktion unterrichtlichen Handelns etwas detailliert werden. Ich wähle die Planungsfunktion. Didaktisches Handeln im Rahmen dieses Modells wird als Planungshandeln zwei Überlegungen akzentuieren.
• Jede Ebene des Planungshandelns bedarf der Mitbestimmung durch den Professional, die Lehrerin und den Lehrer am Ort.
• Die Professionalität der Lehrerinnen und Lehrer am Ort zeigt sich in ihrem Einsatz für die Teilung der Planungsarbeit mit allen Mitgliedern der Lehr-Lern-Gruppe, in einer Planung als Interaktion, und in deren sachorientierter wie beziehungsorientierter Initiierung.

Zum ersten Punkt: In den Diskussionen um praxisnahe Curriculum-Entwicklung, um das offene Curriculum hat es immer sehr unterschiedliche Gründe für die Beteiligung der Lehrkräfte in den Schulen an der Planung auch der großen Zusammenhänge des Curriculum gegeben. Da war die Erfahrung, daß aufwendig entwickelte, erprobte und revidierte Curricula in der Disseminationsphase, also bei ihrer Verbreitung in der Alltagspraxis, scheiterten: Durch Beteiligung der ‚Praktiker' an der Arbeit sollten realistische Korrekturen am Angebot möglich werden und gleichermaßen durch einen learning-by-doing-Prozeß sachkundige Multiplikatoren entstehen. Die Sorge der Lehrer vor dem Abbau ihrer Planungsfunktion und vor mangelndem Bezug des Angebots zur aktuellen Situation ihrer Lehr-Lern-Gruppe sollte durch offene Curricula ebenso abgebaut werden, wie ein Eingeständnis der Zurücknahme perfekten Planungsanspruchs angesichts schwindender Mittel mitschwang. Aus meinen Überlegungen ergibt sich eine zwingende Notwendigkeit für diese Mitwirkung: Nur in einem Dialog mit den Praktikern, der auf herrschaftliche Durchsetzungsstrategien verzichtet, können die Vorschläge praktikabel für mündige Subjekte werden.

Zum zweiten Punkt: Ebenso werden die Praktiker nur im Dialog mit allen Mitgliedern der Lehr-Lern-Gruppe bzw. deren gesetzlichen Stellvertretern die lernenden Mitglieder zu Subjekten ihrer Selbstproduktion werden lassen können. Nehmen wir zugunsten zentraler Planer an, daß sie einen professionellen Orientierungs- und Handlungsvorsprung vor den Planern am Ort haben, diese einen noch größeren Vorsprung vor den Schülern: In beiden Fällen geht es darum, den professionellen Vorsprung zur Verkürzung der Einarbeitung und für die Ermutigung zur Einarbeitung in die Planungsprozesse zu nutzen, weil nur durch Teilnahme auch an der Planung jene Kompetenz, Autonomie und Solidarität im Umgang mit Sacherfahrung, Sozialerfahrung und Gefühlserfahrung in vollem Umfang gelernt werden kann, die emanzipatorisch relevant ist.

Zu unterscheiden sind m. E. mindestens vier Planungsebenen:
• Die *Perspektivplanung,* die für einen längeren Zeitraum, über einzelne Unterrichtseinheiten hinaus, etwa für ein Semester, ein Jahr, den Durchgang durch eine Schulform einen Handlungsrahmen entwirft, für ein Fach, eine Fächergruppe oder das Lehrplangefüge im ganzen.

- Die *Umrißplanung* der einzelnen Unterrichtseinheiten.
- Die *Prozeßplanung*, die Ordnung der Planungsentscheidungen in der Zeit, wo sie nötig erscheint.
- Die *Planungskorrektur* während des Unterrichtsprozesses, wenn unerwartete Gesichtspunkte es erforderlich erscheinen lassen.

Fortschritte des Schulträgers in dem hier skizzierten Verständnis von Unterrichtsplanung könnten sich in möglichst knappen Minimalforderungen äußern, die den zeitlichen Druck mindern, sowie in einer schüler- und elternfreundlicheren Formulierung der Rahmenpläne, in deren weiterer Verbreitung in der Einrichtung von Tutorenstunden (wie an Gesamtschulen) und Stunden für Elternarbeit im Pflichtstundendeputat. *Fortschritte der Lehrerausbildung* sind hier insbesondere in der Diskussion der Rahmenpläne, ihrer Interpretation nach erarbeitetem Selbstverständnis in Teamarbeit, in der Vorbereitung der Initiierung von Diskursen mit Schülern und Eltern und in der Einübung in Teilnahme und Leitung von lehrplanbezogenen Interaktionen, die eine Balance zwischen Sachbefragung, Selbstvermittlung und Organisation vermittelnder Gruppenprozesse suchen.

2.4.1 Zur Perspektivplanung

In unserer Gesellschaft finden wir, wenn wir Semesterpläne, Jahrespläne, auch nur eine Reihe von Unterrichtseinheiten planen, keine verbindliche, detaillierte Vorschrift vor, die nur umzusetzen wäre, sondern relativ offene Vorgaben in Form von Rahmenplänen und einer Auswahl zugelassener Unterrichtsmedien vorgegeben. Darin spiegelt sich die Einsicht in die Notwendigkeit von Planungsfreiheit vor Ort. Daß die Rahmenpläne immer umfangreicher werden, ist unter diesem Gesichtspunkt ein Zeichen der Bedrohtheit unseres Selbstverständnisses als offener Gesellschaft. Der Interpretationsspielraum, der hier vorhanden ist, kann von Lehrern nur in dem Maße wahrgenommen und mit ihren Klienten geteilt werden, in dem sie sich ihren Interpretationsstandpunkt bewußt gemacht haben, über Fachkenntnisse verfügen, die Vorstellung der Vorgaben für die anderen Mitglieder leisten und diese analog zur themenzentrierten Interaktion zu Worte kommen lassen. An der Lehrerzeit für Planung, am Anspruch der Planungsvorgaben, der Pluralität der zugelassenen Medien etwa ist ablesbar, welche Bedingungen der Schulträger für diese Arbeit zur Verfügung stellt.

Das Modell fordert hier in dieser Konsequenz relativ neue Ausbildungsteile und Handlungsweisen von Lehrern: Sollte es ein Ziel etwa des Deutschunterrichts auf der Orientierungsstufe sein, den Schülern bereits eine Distanzierung zu den Angeboten ihrer Erziehung zu ermöglichen, um ihnen eine Mitsteuerung ihres Lernens zu erleichtern, dann könnte die Thematik dazu aus den Erinnerungen der Schüler gewonnen werden, ergänzt durch die professionelle Zuspitzung des Lehrers, die ihrerseits hinterfragt werden könnte:

- Eine Fibelseite, an die sich noch viele erinnern, könnte in zwei Fassungen betrachtet werden, und in der einen Fassung spielt der Fibeljunge mit den Puppen, das Fibelmädchen mit der Eisenbahn.
- Der Erinnerung an den Daumenlutscher im Struwwelpeter wird die Szene aus *Waechters* Anti-Struwwelpeter gegenübergestellt.
- Ein Lesestück über die Vögel im Winter wird mit dem entsprechenden *Brecht*gedicht verglichen.

Eine solche Reihe — absichtsvoll wurde hier wegen der notwendig skizzenhaften Kürze ein umfangmäßig kleines Beispiel gewählt — entsteht unter einer emanzipatorischen Perspektive, die mit den Prinzipien der Rahmenpläne vereinbar ist, aber nicht aus vorliegendem Material allein entwickelt werden kann. Sie bedarf des kritisch und kreativ arbeitenden Professionals, der nicht nur aus seinem vermeintlichen Wissen um die objektiven Interessen der Schüler anbietet, sondern auf die Erinnerungen, Ängste, Hoffnungen seiner Gesprächspartner hört und Vorschläge macht, die auch abgelehnt werden können. Die Gruppe hat die Möglichkeit, sich um verschiedene Erinnerungen zu sammeln und sich z.B. auf einem Elternabend mit einer Art Metaunterricht in ihrem Selbständigkeitsfortschritt zu vermitteln.

2.4.2 Zur Umrißplanung der einzelnen Unterrichtseinheiten

Die Perspektivplanung impliziert bereits ihre Realisierung in einer Reihe von Unterrichtseinheiten; das konnte schon an unserem skizzenhaften Beispiel gezeigt werden. Und von der Perspektivplanung her läßt sich auch deutlich machen, daß nicht die didaktische Analyse des einzelnen Themas und auch nicht die Intentionen für die einzelne Unterrichtseinheit am Beginn der Umrißplanung für diese Einheit stehen: Die edukative Perspektive des übergreifenden Zusammenhanges läßt die einzelne Planungseinheit erforderlich erscheinen, richtet die Aufmerksamkeit bei der Erörterung des Zusammenhanges von Unterrichtszielen, Ausgangslagen, Vermittlungsvariablen, Erfolgskontrollen unter den Bedingungen der Institution. (Umgekehrt können Erfahrungen, die man mit der Planung der einzelnen Einheit unter vorgegebener Perspektive macht, auf die Modifikation dieser Perspektive zurückwirken).

Es dürfte unmittelbar einleuchten, daß die Handlungsmomente, über die die Planer sich verständigen müssen, sich nicht in einem linearen Ablauf ermitteln lassen, sondern einen Implikationszusammenhang darstellen, in dem die Momente einander wechselseitig korrigieren: Bei einer ersten Formulierung von *Unterrichtszielen* sind angenommene *Ausgangslagen,* die diese Ziele angemessen erscheinen lassen, bereits mitgedacht; eine erste Erhebung der Ausgangslage wird dann möglicherweise Korrekturen an der Zielvorstellung erforderlich machen. Derart präzisierte Zielvorstellungen sind wieder die Voraussetzung dafür, daß die Ausgangslage, bezogen auf sie, genauer erhoben werden kann. Ob in der edukativen Perspektive, unter der dies geschieht, vorrangig an gesellschaftliche Standards gedacht worden ist oder an Bedürfnisse etwa einer benachteiligten Gruppe, – ob deshalb einmal bei der Zielformulierung, einmal der Ausgangslage angesetzt wird: Der Implikationszusammenhang ließe Handlungsziele leerlaufen, die sich nicht auf die Ausgangslage beziehen, ließe die Beschreibung der Ausgangslage allgemein und handlungsirrelevant bleiben, weil sie sich nicht eindeutig auf Handlungsziele beziehen.

Abschließend können diese beiden Planungsmomente, die eben herausgegriffen wurden, nicht ohne den Implikationszusammenhang behandelt werden, in dem sie mit den übrigen stehen: Die Ziele sollen ja mit schulischen *Vermittlungsvariablen* erreichbar sein und unter schulischen Bedingungen prüfbar; die Ausgangslage bezieht sich nicht nur auf die Unterrichtsziele, sondern auch auf die Methoden und Medien der Vermittlung, auf die *Erfolgskontrolle* des Unterrichts. Und so könnte man von den Vermittlungsvariablen und Erfolgskontrollen her ebenso argumentieren. Jedes Handlungsmoment wird von jedem anderen her, das es impliziert, in Frage gestellt.

Bei diesen Überlegungen wird besonders deutlich, daß didaktisches Handeln sich an zwei, aufeinander bezogenen, Maßstäben mißt: An der *Verantwortbarkeit vor der normativen Perspektive und angesichts des erreichten Effektes*. Und letztlich sollte für den professionell Handelnden nicht wünschbar sein, was den gewünschten Effekt nicht hat, und es sollte ihn die Effektuierung eines Handelns nicht interessieren, dessen Wünschbarkeit er nicht geprüft hat, nicht vor den Partnern in der Lehr-Lern-Gruppe einsichtig machen kann.

Auch in dieser Skizze soll wenigstens angedeutet werden, daß die einzelnen Handlungsmomente sich weiter *differenzieren* lassen und in professioneller Vorbereitung sowie in planerischer Interaktion der Lehr-Lern-Gruppe auch weiter differenziert werden müssen, um zur Selbststeuerung des Lehr-Lern-Prozesses durch die Beteiligten zu taugen:

Die Unterrichtsziele enthalten, wie schon dargestellt worden ist, immer den Aspekt der Absicht, der Intention, nämlich Kompetenz, Autonomie, Solidarität zu fördern. Die Veränderungen, die dabei angestrebt werden, können sich nun akzentuierend (nicht analytisch trennbar) unmittelbar auf die Entwicklung von Fähigkeiten, Fertigkeiten und Gewohnheiten des Handelns richten, die *psychomotorische Dimension* akzentuieren; sie können aber auch vorrangig die *kognitive Dimension* der Orientierung des Handelns (Kenntnisse, Erkenntnisse, Überzeugungen) fördern oder die affektive Dimension der Handlungsorientierung (Anmutungen, Erlebnisse, Gesinnungen). Je nach dem Anspruch der Förderung könnte man Entfaltungsstufen (Anbahnung, Differenzierung, Habitualisierung) unterscheiden. Unter den Perspektiven dieses Modells ist eine komplexe Förderung unter Mithilfe und möglichst frühem Mitwissen der Lernenden einem objektivierenden, isolierenden, fremdbestimmten Trainingsprogramm unbedingt vorzuziehen. Das sollte nicht ausschließen, derartige Taxonomien als Orientierungshilfe zu benutzen.

Der thematische Horizont, auf den sich diese Intentionen beziehen, ist bereits soweit differenziert worden, daß als Thematik nicht nur die jeweils fachspezifischen bzw. lernbereichsspezifischen Sacherfahrungen erkannt worden sind, sondern auch die damit verbundenen Sozialerfahrungen und Gefühlserfahrungen. Diese Verbundenheit wird nach den bisherigen Planungsversuchen am ehesten erfaßt, wenn man von der Analyse exemplarischer *Lebenssituationen* ausgeht, wie das für den vorfachlichen und fachübergreifenden Unterricht charakteristisch ist. Die Planer im Fachunterricht finden aber bereits Vorentscheidungen vor, die die Orientierung an der *Struktur der Disziplinen* zur Bedingung machen. Hier hilft eine Professionalität des Lehrers, die das geschichtliche Entstehen der Aspektwissenschaften aus Aufgaben der Situationsbewältigung und den Verwertungszusammenhang in die Interpretation der fachlichen Aufgabe ebenso einzubeziehen hilft, wie er die naive Frage, Sorge, Hoffnung der Schüler angesichts des vorstrukturierten Erfahrungsmaterials zur Geltung gelangen läßt. Eine absolute Entscheidung für den einen oder anderen Weg erscheint nach dem Stand unseres Wissens und in Kenntnis der gesellschaftlichen Bedingungen nicht nur nicht durchführbar, sondern auch nicht zweckmäßig: Wenn man mit der *Strukturierung* komplexer Lebenssituationen beginnt, wird man die Fragestellungen, Ergebnisse und Methoden der Disziplinen zur Korrektur hinzuziehen müssen, weil man ohne *Wissenschaftsorientierung* hinter dem Stand des Erreichbaren reflektierten Handelns unter aufgeklärten Bedingungen zurückfallen würde. Beginnt man mit der Struktur der Disziplinen, wird man ohne Rückbezug auf kritische *Handlungsorientierung* keinen Beitrag zu emanzipatorischer Lebensführung leisten.

In beiden Fällen bedarf diese allgemein-didaktische Differenzierung eines Gesprächs mit der *Fachdidaktik* (im weitesten Sinne), die die allgemeinen Überlegungen mit bereichsspezifischen Erfahrungen und Strukturierungen vermittelt. Für alle thematischen Zielaspekte aber läßt sich sagen, daß die Planenden sie unter ihren Intentionen in *Elemente* zu zerlegen haben werden, gegebenenfalls *Schichten* ihrer Bedeutung freizulegen haben, sich den *Zusammenhang* der Elemente und Schichten klarmachen müssen und nach sachlich zwingender oder zumindest angemessener *Reihenfolge* anzuordnen haben werden.

Die Ausgangslage als Planungsmoment möchte ich hier wenigstens insoweit differenzieren, als ich vorschlage, die *Unterscheidung zwischen allgemeinen und aufgabenspezifischen Lern- und Lehrvoraussetzungen* für wichtig zu halten. Es ist ein wichtiger Fortschritt der Didaktik gewesen, daß sie sich mit Hilfe ihrer Grundwissenschaften nicht nur der angeborenen oder erworbenen individuellen Lernbehinderungen bewußt geworden ist, wie sie für die Didaktik der Sonderpädagogik wichtig sind, sondern auch der rationalen, der klassen- und schichtenspezifischen Erfahrungshintergründe, Sprachen, Motivationen und Anspruchsniveaus und auf die Defizite einer mittelständisch sich verstehenden Schule, sie mit einem chancengerechten Angebot zu beantworten. Aber die Orientierung an allgemeinen Voraussetzungen, die man damit gewinnt, selbst wenn man sie durch eigene Erhebungen stützt, bleibt doch, wenn man sich darauf beschränkt, zu *global*, um die Ausgangslagen für die Teilnahme an einer konkreten Unterrichtseinheit zureichend zu bestimmen, zu typisiert, um genügender Anlaß für individuelle Hilfe zu sein, zu lehrerzentriert, um sie mit Schülern in unterrichtlicher Kommunikation fruchtbar zu machen.

Deshalb gehört die gemeinsame Erörterung der *aufgabenspezifischen Voraussetzungen* dazu, die Ermittlung gerade auch von solchen Unterschieden, die unterrichtsbedingt bzw. zumindest im Unterricht ausgleichbar wären, mit Hilfe von Lehrern, Schülertutoren, programmierten Lernmaterialien u.ä. Zur praktischen Solidarisierung gehört dies ebenso dazu, wie die Einbeziehung der Erwartungen der Mitglieder der Lehr-Lern-Gruppe zu deren Autonomisierung gehört. Die Vermittlungsvariablen wurden bereits in Methoden und Medien differenziert. Die Gründe dafür können in einer derartigen Skizze nicht erörtert werden. Die Methoden nun sind eine Sammelbezeichnung für Umgangsformen und Organisationsformen. Die *Umgangsformen* ergeben sich aus der prinzipiellen Einschätzung der Unterrichtsteilnehmer als potentiell handlungsfähige Subjekte. Wie die Interaktion zwischen unseresgleichen menschenwürdig gestaltet werden kann, ist von Vertretern humanistischer Psychologie[7] in den letzten Jahren so breit dargestellt worden, daß hier darauf verwiesen werden kann. Die *Organisationsformen* ermöglichen die Gliederung und Untergliederung des Unterrichts und des Schullebens nach der Zeit (Phasierung), nach Lernorten (Fachraum, Gruppenraum, Pausenhof usw.) und nach der sozialen Organisation (Plenum, Gruppenunterricht, Einzelarbeit). Dies geschieht mit methodischen ‚Erfindungen' unterschiedlicher Komplexität, von Modellen wie Planspiel, Projekt, Schulungskurs bis zu Aktionsweisen wie fragen, aufrufen, beurteilen. Sie können hier nicht komplettiert werden. Aber daß sie in emanzipatorisch relevantem Unterricht wegen ihres unterschiedlichen Bezuges zu komplexer Sach- und Bedürfnisorientierung, zur Mitbestimmung der Lernenden für ihre Selbstproduktion als möglichst weitgehend über sich verfügende Menschen unterschiedlich gewichtet werden müssen, liegt auf der Hand.

Die Medien, die gegenständlichen Mittler der Verständigung über die unterrichtlichen Handlungsmomente werden als selbständiger Aspekt der Vermittlungsvariablen noch nicht überall erkannt. Und doch sind sie gegenüber den möglichen Intentionen monovalent, sie präsentieren die Themen als Muster, als Abbildung, als Symbol oder als Produktionsmittel, sie sind für unterschiedliche Methoden, z.B. für Frontalunterricht oder Kleingruppenarbeit, unterschiedlich gut geeignet, ebenso zur Erfolgskontrolle. Sie sind je nach den institutionellen Bedingungen wie Zulassung und Etat nicht in gleicher Weise verwendbar. Medien werden als *Hilfsmittel* jeder didaktischen Kommunikation benötigt: Mit Sprache, Mimik und Gestik, mit Buch, mit Tafelbild und Overheadfolie u.a. verständigen wir uns unmittelbar. Als *Objektivierung von Lehrfunktionen* erhält ein Medium eine neue Qualität: Es ersetzt den Lehrer als Referenten (wie etwa eine Schulfernsehsendung), als Trainer (wie etwa ein Rechtschreibeprogramm), als Prüfer (wie ein Testprogramm).

Erfolgskontrolle ist als *Selbstkontrolle der Schüler* erforderlich, um ihnen die Mitsteuerung ihres Lernprozesses zu ermöglichen; für die *Selbstkontrolle der Lehrer* gilt sinngemäß das gleiche. Die Fragwürdigkeit der Nutzung der dabei anfallenden Daten zur Außenkontrolle, zur *Fremdkontrolle,* etwa zur Steuerung von Schüler- und von Lehrerkarrieren, zum Zwecke des Vergleichs von Schulsystemen mit all ihren Rückwirkungen auf die Lern- und Lehrprozesse, kann hier nur angedeutet werden. Die Fragwürdigkeit der Zensurengebung sei wenigstens mit dem Hinweis belegt, daß es für die Korrektur des Lehr-Lern-Prozesses wichtig ist zu wissen, welche Fehler man gemacht hat, welche Ursachen das möglicherweise hat und welche Therapie man deshalb versuchen sollte: Daß man im Vergleich mit anderen oder — besser — gemessen am Standard der Aufgabe eine als ‚Fünf‘ zu bezeichnende Leistung erbrachte, ist nur in einer über die Grenzen der Lehr-Lern-Gruppe hinaus reichenden Individualkonkurrenz bedeutsam, wie sie mir nur in den Grenzen prinzipieller Solidarität akzeptabel erscheint. —

Im Rahmen dieser Skizze ist es nicht möglich, die (unabgeschlossen ausdifferenzierten Momente didaktischen Handelns nach ihrer Effektivität zu gewichten, soweit die vorliegenden Erfahrungen und Unterscheidungen dies zulassen. Was ich aber entschieden für notwendig halte, ist ein prinzipieller Hinweis: Die Prämissen des Modells verbieten es, die Effektivitätsfrage so eng zu behandeln, daß etwa eine Förderung der Schüler in der Kenntnis irgendwelcher Einzelheiten ohne deren Beziehung zum Durchschauen des Problemzusammenhanges verfolgt wird, in dem die Einzelheiten stehen, oder ohne die Sozialisationswirkungen, die die Förderung der Qualifikation jeweils hat. Und diese komplexe Auffassung von der angestrebten Korrektur bezieht sich auf jene *Normativität* des Unterrichts, die sich an dessen emanzipatorischer Relevanz mißt.

2.4.3 Zur Prozeßplanung und zur laufenden Planungskorrektur

Oft bleibt der Professional im Alltag bei seinen Vorüberlegungen schon aus Zeitgründen in einer Umrißplanung stecken, nachdem er den Implikationszusammenhang der Handlungsmomente so lange durchlaufen hat, bis ihm seine Vorüberlegungen unter seiner edukativen Perspektive und seinen Arbeitsbedingungen vertretbar erschienen: Auch die Erörterung des Planes mit den Schülern gelangt nur zu einem umrißhaften Vorverständnis der Lehr-Lern-Aufgaben. Das ist in unserem Verständnis auch inhaltlich einer scheingenauen, weil mit der Personalität lernender Menschen nicht rechnenden, planenden Vorwegnahme des Lehr-Lern-Prozesses vorzuziehen.

Unmittelbar einleuchtend ist im Verständnis dieses Modells eine *Prozeßplanung,* eine Anordnung der Planungsentscheidungen in der Zeit, als gemeinsamer Plan von Schülern und Lehrern im Zusammenhang eines projektorientierten Unterrichts, etwa der Vorbereitung einer Klassenreise. Eine kanalisierende Prozeßplanung wird auch in Form etwa eines Lehrprogramms von Lernenden akzeptiert werden dürfen, wenn sie dadurch eine spezielle Qualifikation für einen mitbestimmten, größeren Aufgabenzusammenhang erwerben wollen. Dies gilt sinngemäß auch für eine Schritt für Schritt vorgehende Einführung der Lehrer in einen speziellen Lernzusammenhang, für die sie um einen Vertrauensvorschuß bitten, dessen Berechtigung nachher diskutierbar sein muß.

Bei der Transformation, der Umwandlung einer Umrißplanung in eine Prozeßplanung, werden Lehrer sowohl im Gespräch mit den Schülern als auch bei der Programmierung kanalisierter Bestandteile ihre Kenntnisse über Lernprozesse einfließen lassen. Aber dies soll nicht dazu führen, daß die konkrete Situation nur als Anwendungsfall eines abstrakten Ablaufschemas behandelt wird, und daß die Nichtvermittelbarkeit eines solchen Schemas und seiner Begründung zur Ausrede für die Nichtbeteiligung der Schüler an der Planung benutzt wird: Im Zweifelsfalle ist ein einfacher Ablaufplan, der die Schüler zu Mitplanern oder wenigstens Mitwissern ihrer Lernarbeit macht, einem kunstvoll kanalisierenden Unterrichtsentwurf vorzuziehen: Eine Einschätzung der benötigten Zeit, eine Abfolge der speziellen Lehr-Lern-Ziele, mit einer Zuordnung bereitgestellter Hilfen und Selbstkontrollen, mit einer Skizzierung möglicher Varianten didaktischen Handelns — das genüge auch für die Prozeßplanung eines Entwurfs im Rahmen der Lehrerausbildung, wenn die Umrißplanung der größeren Einheit, wenn die edukativen Perspektiven und Bedingungen, aus denen sie entwickelt wird, vorab erörtert worden sind.

Die *laufende Planungskorrektur* ist nach dem bisher Gesagten eigentlich eine Selbstverständlichkeit: Jeder Teilnehmer, der an der Verständigung über die Vorgehensweise teilgenommen hat, muß die Planung auch in Frage stellen dürfen, wenn ihm ein neuer Gesichtspunkt aufgetaucht zu sein scheint. Das ist Teil seiner Selbstproduktion im Lernprozeß, zu dem die Planungsprozesse ja unbedingt gehören. Nicht nur Unerwartetes an der Thematik des Unterrichts (ES), sondern ebenso an der eigenen Befindlichkeit (ICH) oder am Verlauf des Gruppenprozesses (WIR) kann Fragen nach einer Planungskorrektur aufwerfen.

Eine derartige Planungskorrektur auf Vorschlag eines Mitglieds der Lehr-Lern-Gruppe hat eine andere Qualität als etwa Korrekturen, die Lehrer als Reaktion auf gewissermaßen den „Materialwiderstand" von Schülern durchführen, um die Objekte ihrer Veränderungsarbeit besser in den Griff zu bekommen. Ausgehend von unserer eigenen Sozialisation einerseits und unseren Arbeitsbedingungen andererseits, stehen wir mit der theoretischen Durchdringung, der praktischen Erprobung und der Korrektur des Lehr-Lern-Prozesses unter diesem Aspekt erst am Anfang, meine ich.

2.5 Vom Berliner zum Hamburger Modell

Als ich vor fünfzehn Jahren den Ansatz *Paul Heimann*s weiter zu entfalten versuchte, ging ich von einigen Voraussetzungen aus, die sich in meiner Sicht bestätigt haben und auch dieser Skizze zugrunde liegen:
● Unterricht, seine sozialen Voraussetzungen und seine Folgen — das ist ein Handlungszusammenhang, dessen Momente, z.B. Ziele und Methoden, nicht ohne Gefahren für reflektiertes Handeln im Schulfeld isoliert behandelt werden können.

- Das Erkenntnisinteresse an der Verständigung der didaktisch Handelnden und an der Steigerung der Effektuierung ihres Wirkens — wie es im Mittelpunkt geisteswissenschaftlicher bzw. empirisch-analytischer Didaktik stand — wird ideologisch, wenn nicht immer wieder auf's Neue eine Aufdeckung der einschränkenden Bedingungen erfolgt; dies aus dem Erkenntnisinteresse an der Befreiung von überflüssiger Fremdbestimmung, zu selbständiger Lebensführung.
- Die Förderung einer unterrichtlichen Interaktion, in der Schüler lernen, eine Balance zwischen Sachansprüchen, Personansprüchen, Gruppenansprüchen zu finden, und die Kritik an den Bedingungen des Unterrichts, die dies hindern, werden als einander ergänzende, nicht als sich ausschließende Ebenen didaktischen Handelns aufgefaßt.

Ich würde mich in dieser Skizzierung meiner gegenwärtig handlungsleitenden Modellvorstellung nicht verstanden fühlen, wenn ihre prinzipielle Ergänzungsbedürftigkeit durch eine lernbereichs- bzw. fachspezifische Interpretation des Feldes dabei übersehen würde. Sie wird allerdings nicht ohne Bezug auf eine übergreifende Modellvorstellung geleistet werden können.
- Die Verständigung über die Strukturmomente des Handlungsfeldes, die Verbesserung der Wirksamkeit des Handelns und das Hinterfragen seiner Bedingungen — das sind einander interpretierende Aufgaben auf unterschiedlichen Ebenen, die unterschiedliche methodische Zugriffe nahelegen: Der Monopolanspruch eines Wissenschaftstypus' wird der Komplexität der Aufgabe nicht gerecht.
- Analyse, Planung, Realisation von Unterricht — die aufeinander verweisenden Aspekte didaktischen Handelns in der konkreten Lehr-Lern-Gruppe stellen einen Wirkungszusammenhang dar, aus dem ein Aspekt wie etwa Planung nicht ohne Schaden für die pädagogische Interaktion von einer ‚höheren' Instanz allein für sich reklamiert werden darf.

In den letzten zehn Jahren habe ich dazu gelernt, daß die Trennung zwischen engagierter Praxis und distanzierender Theorie so, wie ich einmal glaubte, nicht ohne Gefahr für ein nicht mehr genügend reflektiertes Handeln und eine nicht mehr genügend handlungsrelevante Theoriebildung durchzuhalten ist und letztlich Motive nur verschleiert:
- Didaktische Reflexion geschieht, wenn sie nicht nur verkürzter Rationalität verpflichtet ist, unter der Perspektive der Förderung möglichst weitgehender Verfügung aller Menschen über sich selbst; und didaktische Praxis wird an dieser Einsicht in die Unverfügbarkeit etwa der Schüler in der unterrichtlichen Interaktion gemessen.

2.6 Anmerkungen

[1] *Dietrich Böhler:* Zu einer philosophischen Rekonstruktion der Handlung. Manuskript. Philosophisches Seminar der Pädagogischen Hochschule Berlin, 1000 Berlin 46, Malteserstr. 74—100.

² *Klaus Mollenhauer:* Theorien zum Erziehungsprozeß. München 1972 u.w. Aufl., S. 42.
³ Erziehung definiere ich heute als Bezeichnung für alle jene Interaktionen, mit denen Menschen, Mitglieder einer Gesellschaft, das entwicklungsbedingte Informations-, Verhaltens- und Wertungsgefälle untereinander dauerhaft abbauen wollen, nicht primär, um unmittelbar Aufgaben in Natur und Gesellschaft zu lösen, vielmehr, um insbesondere die jüngeren, orientierungs-, einstellungs- und handlungsunsicheren Interaktionspartner zu befähigen, sich selbst als über sich verfügende Personen hervorzubringen oder wiederzugewinnen, in Auseinandersetzung mit den ökonomischen, gesellschaftlichen und kulturellen Ordnungen, die kritisch aufzunehmen wie mitbestimmen zu lehren und zu lernen gleichermaßen das Ziel ist: Bildung.
⁴ Vgl. dazu die eingangs genannten Arbeiten des Verf., seine Antworten als Interviewpartner in *Born/Otto:* Didaktische Trends. München 1978 und *Klaus Holzkamp:* Kritische Psychologie. Frankfurt/M. 1972.
⁵ *Paul Heimann:* Didaktik als Unterrichtswissenschaft, hrsg. von *Reich/ Thomas.* Stuttgart 1976.
⁶ Vgl. dazu auch die neueren Arbeiten von *W. Klafki.*
⁷ Vgl. die kritisch zusammenfassende Darstellung in *Gage/Berliner:* Pädagogische Psychologie. Dtsch. München ²1979, Kap. 27.

Felix von Cube, Dr. phil., Jg. 1927,
ist o. Professor für Erziehungswissenschaft
an der Universität Heidelberg.

Anschrift:
Akademiestraße 3
6900 Heidelberg

Wichtige Publikationen

Kybernetische Grundlagen des Lernens und Lehrens. Klett, Stuttgart, 1970.
Gesamtschule — aber wie? Klett, Stuttgart, 1972.
Modelle grundlegender didaktischer Theorien. Zus. mit *H. Ruprecht* u.a. Schroedel, Hannover, 1972.
Ausbildung zwischen Automation und Kommunikation. Kamp, Bochum, 1976.

3 Die kybernetisch-informationstheoretische Didaktik

Felix von Cube

3.1 Vorbemerkung

Ich möchte versuchen, die grundlegenden Gedanken und Ergebnisse des kybernetischen Ansatzes aufzuzeigen, sowie dessen Voraussetzungen und Konsequenzen. In der vorliegenden Arbeit werde ich nicht spezielle Ergebnisse der kybernetisch-informationstheoretischen Didaktik (Redundanztheorie, Optimierung von Informationsdarstellungen, Erkenntnisgewinnung durch Superzeichenbildung usw.) darstellen; hier verweise ich auf frühere Arbeiten (*v. Cube*, 1970, 1976) und auf die im kommenden Jahr erscheinende Neuauflage meiner „Kybernetischen Grundlagen des Lernens und Lehrens".

Weiterhin möchte ich – nach einer bald 20jährigen und, wie ich meine, durchaus fruchtbaren Auseinandersetzung mit der geisteswissenschaftlichen und lerntheoretischen Didaktik – feststellen, worin der kybernetische Ansatz mit diesen Ansätzen übereinstimmt, und worin er sich fundamental von ihnen unterscheidet.

Ein wichtiges Ergebnis der Arbeit darf ich vorwegnehmen: Der gravierende Unterschied zum geisteswissenschaftlichen Ansatz geht auf einen anderen Wissenschaftsbegriff zurück; der Unterschied zum lerntheoretischen Ansatz läßt sich im Rahmen des hier zugrundegelegten (logisch-empirischen) Wissenschaftsbegriffes erörtern. Um nun meine Ausführungen nicht von vornherein mit wissenschaftstheoretischen Divergenzen zu belasten, möchte ich in folgenden zwei Schritten vorgehen:

Im ersten Schritt werde ich den Prozeß der Erziehung (und Ausbildung) beschreiben, nicht aber die Ergebnisse, die sich aus der Anwendung eines wie auch immer definierten Wissenschaftsbegriffes auf diesen Gegenstandsbereich ergeben. Die Verwendung des Regelkreismodelles dient dabei nur der exakten und eindeutigen Darstellung von Erziehung oder Ausbildung, nicht der Erstellung einer neuen Theorie oder eines speziellen Ansatzes.

Im zweiten Schritt werde ich dann den Wissenschaftsbegriff des Kritischen Rationalismus auf das Phänomen Erziehung (Ausbildung) anwenden und so zu den grundlegenden Definitionen der Begriffe Erziehungswissenschaft, Didaktik, kybernetische Didaktik usw. kommen. Die kybernetisch-informationstheoretische Didaktik wird sich dabei als Teilbereich einer kritisch-rationalen Erziehungswissenschaft erweisen. Abschließend werde ich die Grundpositionen der anderen Ansätze beurteilen.

Aus systematischen Gründen werden die beiden Schritte folgendermaßen aufgegliedert:
3.2   Erziehung und Ausbildung
3.2.1 Erziehung und Ausbildung als Regelung

3.2.2 Lehrziele
3.2.3 Lehrstrategien
3.2.4 Medien
3.2.5 Planung
3.3 Erziehungswissenschaft; kybernetische Methoden in der Erziehungswissenschaft
3.3.1 Erziehungswissenschaft im Aspekt des Kritischen Rationalismus
3.3.2 Kybernetische Methoden in der Erziehungswissenschaft
3.3.3 Zur Anwendung der kybernetisch-informationstheoretischen Didaktik
3.3.4 Andere Ansätze im Aspekt des Kritischen Rationalismus

3.2 Erziehung und Ausbildung

3.2.1 Erziehung und Ausbildung als Regelung

Die Begriffe Erziehung und Ausbildung werden in der Literatur — jeder für sich und in ihrem Verhältnis zueinander — unterschiedlich definiert. Dennoch gibt es einen gemeinsamen Kern, den ich zunächst herauspräparieren möchte: Erziehung und Ausbildung bezeichnen einen Prozeß, bei dem Adressaten unter ständiger Korrektur zu einem gegebenen Erziehungsziel oder Ausbildungsziel gesteuert werden. Weiterhin gilt, daß die Verhaltensänderung der Adressaten durch Lernen erreicht werden soll und nicht durch veränderte Reizsituationen. Eine Verhaltenssteuerung durch neue Reizsituationen bezeichnet man mit *Mager* (1972) als „Verhaltensmanagement". Im übrigen ist die ständige Korrektur der Steuerung deswegen erforderlich, weil der Lernende stets unvorhersehbaren äußeren und inneren Einflüssen unterliegt.

Nun wird in der Kybernetik ein zielgerichteter, ständig zu korrigierender Steuerungsprozeß „Regelung" genannt. Man denke etwa an die Temperaturregelung, an die ständig korrigierte Steuerung von Schiffen oder Raketen oder — um auch Beispiele aus der Biologie zu nennen — an Atmung oder Greifbewegungen.

Ein Erziehungs- oder Ausbildungsprozeß ist also ein Regelungsvorgang; er kann als Regelkreis dargestellt werden (*v. Cube*, 1977, S. 25).

Gewiß handelt es sich bei Erziehung und Ausbildung um ein völlig anderes „Regelobjekt" als in Technik oder Biologie: Der Mensch ist unter anderem ein Produkt der Phylogenese und der (sozialen) Umgebung; er hat Bedürfnisse, Motive, Zielvorstellungen usw. Dennoch kann er gezielt beeinflußt (gesteuert) werden, und nur darum geht es in Erziehung und Ausbildung. Im Unterschied dazu soll die vom Lernenden her gesehene Gesamtheit der Einflüsse als Sozialisation bezeichnet werden.

Der *Soll-Wert* in der Erziehung und Ausbildung wird Erziehungsziel, Ausbildungsziel oder Lehrziel genannt. Der Unterschied zwischen Erziehung und Ausbildung kommt also schon im Zielbereich zum Ausdruck: In Übereinstimmung mit der Umgangssprache wird man dann von Erziehung sprechen, wenn es sich beim Soll-Wert der Regelung um (affektive) Werthaltungen handelt, von Ausbildung dann, wenn es sich um kognitive oder pragmatische Ziele handelt. (Der Kürze wegen verwende ich im folgenden auch den als Oberbegriff gedachten Terminus „Lehrziel").

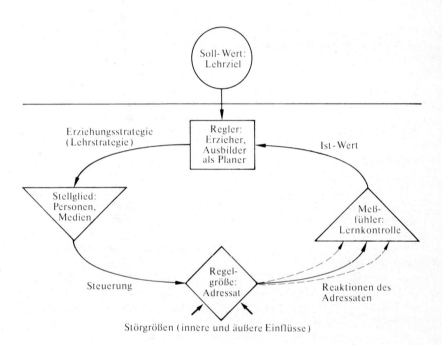

Der *Regler* ist der Erzieher oder Ausbilder als Stratege. Unter einer Strategie versteht man einen Verlaufsplan zur Erreichung eines gegebenen Ziels, unter einer Lehrstrategie entsprechend einen Plan zur Erreichung eines Lehrziels. Bei der Entwicklung von Lehrstrategien ergeben sich mehrere Probleme: So ist die Wirkung von Lehrstrategien immer an die Durchführung mit Personen oder Medien gebunden; diese können aber charakteristische Wirkungen hervorrufen. Außerdem wird der Adressat nicht nur durch die verwirklichte Lehrstrategie beeinflußt, sondern auch durch ständig wechselnde „Störgrößen" und Nebenwirkungen. (Auf einzelne Strategien werde ich noch eingehen.)

Die *Stellglieder* in der Erziehung oder Ausbildung sind personale oder apersonale (technische) Medien; sie dienen der Durchführung der Lehrstrategie. Personal ist ein Medium dann, wenn der Erzieher oder Ausbilder selbst der Träger der Steuerung ist; technisch ist ein Medium dann, wenn die Steuerung an technische Träger (im weitesten Sinne) gebunden ist.

Die *Meßfühler* in der Erziehung und Ausbildung dienen der Lernkontrolle. Ihre Aufgabe ist es, den jeweiligen Lernzustand des Adressaten möglichst rasch und exakt festzustellen. Die Messung von Lernzuständen bereitet insofern Schwierigkeiten, als oft nur Symptome eines Lernzustandes in Erscheinung treten: Der Erzieher (Ausbilder) ist dann darauf angewiesen, aus dem beobachtbaren Verhalten auf den Lernzustand zu schließen. Stimmen Ist-Wert und Soll-Wert nicht überein, beginnt ein neuer Regelungsprozeß.

Der Regelkreis der Erziehung (Ausbildung) ist kein Personen- oder Positionenschema, sondern ausschließlich ein Funktionsschema: Die einzelnen Instanzen können sowohl von unterschiedlichen Personen besetzt werden als auch (im Extremfall) von einer einzigen.

3.2.2 Lehrziele

Lehrziele haben letztlich immer die Form „Ich will", „Ich fordere"... usw. Es handelt sich also um spezielle subjektive Aussagen.

Lehrziele, die von bestimmten Adressaten erreichbar sein sollen, müssen überprüfbar formuliert sein. Darüber hinaus können Lehrziele selbstverständlich auch bewertet werden, als „wünschenswert", „emanzipativ", usw.

Ein Lehrziel ist dann operational, wenn es in eindeutigen Operationen (des Adressaten) angegeben ist. Sind Lehrziele nicht eindeutig formuliert, sind sie also, wie *Mager* (1969) sagt, „vage", so bedeutet das, daß noch Entscheidungsspielräume vorhanden sind. Unter Operationalisieren versteht man die Ausschöpfung dieses Entscheidungspotentials. (Als Beispiel diene die Entscheidungskette: Der demokratische Bürger; Der Bürger, der sich nach den Regeln der parlamentarischen Demokratie verhält; Der Bürger, der eine positive Einstellung zur parlamentarischen Demokratie hat, usw.)

Ist ein Lehrziel operationalisiert, so lassen sich Bedingungen oder Voraussetzungen nennen, die der Adressat erfüllen muß. Solche Bedingungen kann man als Teilziele bezeichnen, sofern sie vom Adressaten noch nicht erreicht sind.

Neben Lehrzielen wird in der Literatur auch von „Inhalten" gesprochen. Hierzu sei folgendes festgestellt: Inhalte („Das Kaninchen", „Die chemische Zusammensetzung von Wasser", „Unsere Rechtsordnung") sind Gegenstandsbereiche, die als solche mit Erziehung oder Ausbildung nichts zu tun haben; sie können jedoch für unterschiedliche Instanzen in der Erziehung oder Ausbildung relevant werden. Dabei werden Inhalte meist in den Zielbereich einbezogen („die Unterschiede zwischen Kaninchen und Hasen nennen können"), sie können aber auch rein strategischen Charakter haben (der Hase zur Vermittlung des Begriffes „Säugetier"). In diesem Falle geht der Inhalt selbst nicht in das Lehrziel ein (z.B. beim Lehrziel „kritisches Denken").

Lehrziele lassen sich begründen und legitimieren. Unter Begründung sei eine logische Zurückführung auf Wertaxiome, d.h. auf tieferliegende Wertsetzungen verstanden. Für diejenigen, die sich zu diesen Wertaxiomen bekennen, wird die Begründung zur Legitimation. Die letzte Instanz der Legitimation ist somit das persönliche Bekenntnis.

3.2.3 Lehrstrategien

Eine Lehrstrategie besteht in einer Abfolge geplanter Maßnahmen, die vom Ausbilder oder von Medien durchzuführen sind und den Adressaten zu einem bestimmten Lehrziel führen sollen. Lehrstrategien sind also immer vom Lehrziel und vom Adressaten abhängig, in ihrer Realisation selbstverständlich auch von Medien und anderen Mitteln.

Unter einer Methode verstehe ich eine festgelegte Abfolge von Steuerungsmaßnahmen. Sind diese auf ein bestimmtes Lehrziel gerichtet, so handelt es sich, wie oben gesagt, um eine Lehrstrategie; sind sie nicht auf ein bestimmtes Lehrziel gerichtet, können sie als Bausteine für unterschiedliche Lehrstrategien verwendet werden. Solche Methoden sind etwa Rollenspiel, Gruppenarbeit oder „Verstärkung".

Im folgenden möchte ich einige Lehrstrategien kurz skizzieren: Für eine effektive Vermittlung von *Kenntnissen* sind vor allem zwei Strategien zu nennen: Die Ordnung der Information *vor* der Aufnahme durch den Adressaten (z.B. durch Strukturierung, Rhythmisierung oder andere systematische Anordnungen) und die wiederholte Darbietung der zu erlernenden Information. Exakte Aussagen über die Anordnung von Information, über deren Strukturierung, über die Anzahl der Wiederholungen usw. lassen sich mit Hilfe informationstheoretischer Methoden machen.

Unter einer *Erkenntnis* verstehe ich − im Unterschied zur bloßen Kenntnis − die Erfassung von Zusammenhängen, Strukturen, Regeln usw., unter „Verstehen" das Einordnen von Einzelinformationen in einen (bekannten) Zusammenhang. Diese Prozesse lassen sich nicht so einfach steuern wie die Speicherung von Informationen.

Erkenntnisstrategien lassen sich in zwei unterschiedliche Kategorien einteilen: darstellende und genetische.

In der darstellenden Strategie werden die Einzelinformationen (des Zusammenhangs) so angeordnet, daß der bestehende Zusammenhang „sichtbar" oder allgemeiner, „wahrnehmbar" wird. Die Erkenntnis wird − soweit es geht − „nahegelegt".

In der genetischen Erkenntnisstrategie geht es neben der Gewinnung der Erkenntnis selbst um die Schulung des produktiven Denkens: Der Adressat wird vor (angemessene) Probleme gestellt; zur selbständigen Lösung werden ihm sukzessiv Lösungshilfen angeboten (*v. Cube*, 1976 b).

Einstellungen werden meist unbewußt durch die soziale Umgebung geprägt, durch Sprache, Sitte, Normen usw.; sie können aber auch absichtlich durch Erziehung erzeugt oder verändert werden.

Seit jeher benutzte Einstellungsstrategien sind u.a. Identifikations-, Vorbild-, und Verstärkungsstrategie. Besonders wirksam sind Kombinationen hieraus: So wird etwa ein Vorbild aufgebaut, dessen Verhalten zusätzlich verstärkt wird usw.

Fertigkeiten bestehen in einem gesicherten, stets wiederholbaren Verhalten, das auf bestimmte Reizsituationen hin abgerufen werden kann. Fertigkeits- oder Trainingsstrategien bestehen im Vormachen der betreffenden Fertigkeiten und in der Verstärkung oder Löschung des richtigen bzw. fehlerhaften Verhaltens. Außerdem ist es effektiv, dem Adressaten zuvor Ziele und Ablauf des Trainings einsichtig zu machen und auch eine positive Einstellung hierfür zu erreichen.

In der praktischen Erziehung und Ausbildung müssen meist komplexe Lehrziele erreicht werden. Sie enthalten kognitive, affektive und pragmatische Komponenten, sie umfassen Kenntnisse, Erkenntnisse, Fertigkeiten, Einstellungen usw. Dementsprechend sind auch die Lehrstrategien komplexer als die hier skizzierten; der Erzieher oder Ausbilder kann sie in der Regel nur als „Instrumentenkasten" zur flexiblen Anwendung benutzen.

3.2.4 Medien

Der Begriff des Mediums ist nicht einheitlich definiert. So ist für die einen eine Tafel ein Medium, für die anderen nur ein Träger eines solchen; für die einen ist ein Buch ein Medium, für die anderen ist es ein Inhalt usw. Dies führt in der Praxis dazu, daß der Lehrer oft nicht weiß, ob eine bestimmte Information am besten durch Sprache, Text, Bild oder Film darzustellen ist, oder wie die Wirkung eines fertigen Textes oder Filmes auf bestimmte Adressaten abgeschätzt werden kann. Der kybernetisch-informationstheoretische Ansatz hat hier eine eindeutige Terminologie entwickelt: Medien werden als Zeichen oder Zeichensysteme zur Codierung von Nachrichten aufgefaßt. Man kann dabei analoge und digitale Medien unterscheiden, personale und technische, Ikone, Symbole, Schemata usw. Im übrigen spielen Medien (als Codierung von Nachrichten) in sämtlichen Kommunikationsbereichen eine wichtige Rolle, nicht nur in der Pädagogik.

Für eine eindeutige Begriffsbildung ist es unerläßlich, zwischen Medien und „curricularen Medien" zu unterscheiden. Bei diesen handelt es sich um fertige Steuerungseinheiten, d.h. um Teilstücke einer bereits codierten Lehrstrategie. Die meisten in der Praxis verwendeten „Medien" (Bücher, Filme, Bildreihen usw.) sind derartige curriculare Medien. Sie werfen für den Lehrer besondere Probleme auf, da sie ja nicht unbedingt dessen eigener Intention zu entsprechen brauchen. Außerdem können curriculare Medien auch unzweckmäßig codiert sein.

3.2.5 Planung

Gehen wir davon aus, daß das Lehrziel oder die Lehrziele des Unterrichts in operationalisierter Form vorliegen, so läßt sich die Planung von Unterricht in drei Schritten vollziehen:

a) Entwicklung einer Lehrstrategie: Für die Entwicklung einer konkreten Lehrstrategie gibt es zwar keine Rezepte, der Planer kann jedoch auf die allgemeinen Strategien zur Erlangung von Kenntnissen, Erkenntnissen, Fertigkeiten usw., zurückgreifen; er kann sie kombinieren und auf die jeweiligen inhaltlichen Vorgaben oder Entscheidungen hin konkretisieren. Außerdem ist zu prüfen, ob die Adressaten sämtliche Voraussetzungen zur Erreichung der Ziele erfüllen. Ist dies nicht der Fall, so müssen die noch nicht erfüllten Bedingungen als „Teilziele" in die Strategie eingebracht werden.

b) Planung des adäquaten Medieneinsatzes: Neben der Überprüfung, ob die Medien dem Zeichenrepertoire des Adressaten angehören, muß das Problem der adäquaten oder gar optimalen Codierung gelöst werden. Dies ist Aufgabe der (später zu definierenden) Mediendidaktik. Zum Problem des Medieneinsatzes gehört auch die Verwendung curricularer Medien. Hier geht es zwar auch um die Realisation von Lehrstrategien – das Problem liegt jedoch nicht in deren Codierung (diese ist ja schon vollzogen), sondern in der Lernwirkung der fertigen Teile auf die jeweiligen Adressaten und in den daraus zu ziehenden Konsequenzen.

c) Festlegung didaktischer Stationen: Soll der Unterricht rückgekoppelt sein, so besteht der dritte Schritt der Planung in der Festlegung von Kontrollstationen auf dem Wege zum Lehrziel; ich spreche hier auch von didaktischen Stationen (*v. Cube*, 1976 b). Die didaktische Station ist kein Soll-Wert, sie ist vielmehr ein Punkt der ermittelten Lehrstrategie. Dennoch hat der Planer Entscheidungsspielraum; er betrifft allerdings nicht das Lehrziel, sondern Ort und Anzahl der zu erfolgenden Rückkopplungen. An einer didaktischen Station muß die Rückkopplung so stattfinden, daß der Ist-Wert des Adressaten im Anschluß an eine Steuerung festgestellt und der Adressat dann von diesem Ist-Wert aus – u.U. mit Hilfe mehrerer Steuerungsoperationen – zu der vorgesehenen Station geführt wird.

3.3 Erziehungswissenschaft und kybernetische Methoden in der Erziehungswissenschaft

3.3.1 Erziehungswissenschaft im Aspekt des Kritischen Rationalismus

In den vorangegangenen Ausführungen habe ich die Begriffe Erziehung und Ausbildung definiert und (als Regelungsprozesse) beschrieben. Dabei möchte ich noch einmal betonen, daß es sich nicht um spezielle (historische oder gegenwärtige) Prozesse handelt, sondern ganz allgemein um die ständig korrigierte Steuerung von Menschen zu gegebenen Lehrzielen.

Auf den Begriff der Wissenschaft im Sinne des Kritischen Rationalismus, d.h. auf die logisch-empirische (und damit intersubjektive) Methode, zu allgemeinen und überprüfbaren Aussagen zu gelangen, brauche ich nicht einzugehen — er ist bei *Popper, Albert* u.a. ausführlich dargestellt (vgl. auch *v. Cube*, 1977). Zu den anderen Wissenschaftsbegriffen und -methoden möchte ich nachher noch etwas bemerken.

Hier geht es darum, den Wissenschaftsbegriff des Kritischen Rationalismus auf den Gegenstandsbereich der Erziehung und Ausbildung anzuwenden. Die so entstehende Disziplin einer kritisch-rationalen Erziehungswissenschaft bzw. Ausbildungswissenschaft ist noch sehr jung. Die Vertreter des Kritischen Rationalismus verstehen sich nämlich als Philosophen, Wissenschaftstheoretiker oder Soziologen, nicht aber als Erziehungswissenschaftler; die Erziehungswissenschaftler wiederum vertraten (und vertreten) fast ausschließlich andere Wissenschaftsauffassungen. So kommt es, daß im Zusammenhang einer kritisch-rationalen Erziehungswissenschafts bisher nur wenig Namen zu nennen sind — neben den „kybernetischen Pädagogen" z.B. *Brezinka, Klauer, Rössner* und *Zirz* (1979).

Die besondere Problematik einer kritisch-rationalen Erziehungswissenschaft liegt darin, daß der logisch empirische Wissenschaftsbegriff hier nicht auf einen gegebenen Wirklichkeitsbereich angewandt wird, sondern auf ein zielorientiertes System: den Prozeß der Erziehung oder Ausbildung. Auf die daraus resultierenden Probleme möchte ich nun eingehen.

Als erstes ist festzustellen, daß die Setzung von Erziehungszielen (oder Lehrzielen) außerhalb wissenschaftlicher Aussagemöglichkeiten liegt: Lehrziele sind (subjektive) Forderungen; sie sind weder wahr noch falsch, man kann sie nur begründen oder legitimieren. Da mir die „Ausklammerung" von Zielen häufig zum Vorwurf gemacht wird, möchte ich ausdrücklich festhalten: Die Ausklammerung der Ziele aus der Erziehungswissenschaft ist eine notwendige Konsequenz des logisch-empirischen Wissenschaftsbegriffes!

Für eine Erziehungswissenschaft bleiben somit zwei mögliche Gegenstandsbereiche: die Untersuchung gegebener Erziehungsziele (z.B. auf Widerspruchsfreiheit, Erreichbarkeit, Konsequenzen, historische Zusammenhänge) und die Optimierung der Zielerreichung nach den Kategorien Zeit, Ökonomie usw. (Die Untersuchung des Adressaten und seiner Sozialisation gehört zu den Aufgabenbereichen der Psychologie und Soziologie.) Gelegentlich werden beide Gegenstandsbereiche unter dem Begriff Erziehungswissenschaft subsumiert; die Analyse gegebener Erziehungsziele ist jedoch eine völlig andere Tätigkeit als die Entwicklung und Optimierung von Erziehungsstrategien und -techniken; es ist daher zweckmäßig, im ersten Fall von Zielanalyse, im zweiten von Erziehungswissenschaft zu sprechen. Nun zeigt sich sofort, daß die so definierte Erziehungswissenschaft drei Einzeldisziplinen umfaßt: die Entwicklung und Optimierung von Lehrstrategien, die Untersuchung der Steuerungswirkung von Lehrmethoden und die Untersuchung der Codierungsmöglichkeiten von Medien.

Die Entwicklung und Optimierung von Lehrstrategien hat — im Gegensatz zu anderen Sozialwissenschaften — konstruktiven Charakter. Strategische Aussagen haben immer die Form einer Implikation: Wenn dieses oder jenes Erziehungsziel von bestimmten Adressaten erreicht werden soll, dann ist diese oder jene Erziehungsstrategie wirksam oder sogar optimal. Die Allgemeinheit strategischer Aussagen wird dabei durch die (inhaltsfreie) Angabe des Zielverhaltens und durch die allgemeine Charakteristik des Adressaten garantiert, die Überprüfbarkeit durch die operationalisierte Form der Lehrziele. Besondere Probleme ergeben sich durch Randbedingungen, Nebenwirkungen, Störgrößen, Nichtwiederholbarkeit von Experimenten mit denselben Adressaten u.a. Die Wissenschaft der Entwicklung und Optimierung von Lehrstrategien bezeichne ich auch als Didaktik.

Eine Lehrstrategie besteht aus Methoden und wird durch Medien realisiert. Um die Probleme einer wirksamen oder gar optimalen Durchführung von Lehrstrategien lösen zu können, ist es daher notwendig, die Steuerungswirkung der Methoden und Medien zu kennen. Unter Methodik sei daher die Wissenschaft von der spezifischen Steuerungswirkung von Methoden verstanden, unter Mediendidaktik die Erforschung der spezifischen Codierungsmöglichkeiten von Medien. Methodik und Mediendidaktik ermöglichen es, Methoden und Medien im Rahmen einer Lehrstrategie optimal einzusetzen.

3.3.2 Kybernetische Methoden in der Erziehungswissenschaft

Die Frage, wie die sogenannte kybernetische Pädagogik, kybernetisch-informationstheoretische Didaktik usw. zu definieren ist, läßt sich jetzt eindeutig beantworten: Die „Kybernetische Didaktik" besteht in der Anwendung kybernetischer Begriffe und Methoden (Regelkreis, Informationstheorie usw.) auf den Gegenstandsbereich der Erziehung oder Ausbildung. Da es sich bei den kybernetischen Begriffen und Methoden um einen Teilbereich der logisch-empirischen Methode überhaupt handelt, stellt die kybernetische Didaktik einen Teilbereich der kritisch-rationalen Erziehungswissenschaft dar. Im Gegensatz zu früher bin ich heute der Auffassung, daß die Anwendung spezieller (logisch-empirischer) Methoden auf denselben Gegenstandsbereich keine eigene Disziplin begründet; ich möchte daher — statt von kybernetischer Didaktik — von der Anwendung kybernetischer Methoden in der Erziehungswissenschaft oder Ausbildungswissenschaft sprechen. Insoweit sich der Ausdruck kybernetische Didaktik schon eingebürgert hat, verstehe ich ihn im angegebenen Sinne. (Im übrigen gibt es in anderen Disziplinen, die kybernetische Methoden anwenden, ähnliche Überlegungen. Rechtfertigt z.B. die Anwendung der Regelkreistheorie in der Biologie und die u.a. daraus resultierende Erkenntnis, daß die Aufrechterhaltung der Bluttemperatur ein Regelungsprozeß ist, eine eigene Disziplin „kybernetische Biologie"?)

Bei der Anwendung kybernetischer Methoden auf Erziehung und Ausbildung lassen sich drei Hauptbereiche unterscheiden: Die Beschreibung von Erziehung (Ausbildung) als Regelung, die Verwendung informationstheoretischer Methoden in Lerntheorie, Didaktik und Mediendidaktik und die Programmierung rückgekoppelter Lehrsysteme. Diese Bereiche seien im folgenden kurz erörtert; ausführliche Darstellungen finden sich in *v. Cube* (1970), *Frank* (1969), *Weltner* (1970) u.a.

Die Feststellung, daß es sich bei Erziehung und Ausbildung um Regelungsprozesse handelt, begründet, wie gesagt, keine neue Disziplin; sie erlaubt jedoch eine exakte Abgrenzung der einzelnen Teilprozesse, eine klare Darstellung des prozessualen Zusammenhangs und eine erkennbare Einordnung der Erziehung in den Gesamtzusammenhang zielorientierter offener Systeme. (Was die Terminologie anbetrifft, so ist es sicher nicht unbedingt notwendig, Bezeichnungen wie Regelung o.a. zu benutzen — es ist jedoch ebenso zweckmäßig wie etwa die Benutzung der Bezeichnung Kreis für den geometrischen Ort aller Punkte, die von einem festen Punkt gleichen Abstand haben.)

Die Verwendung informationstheoretischer Methoden auf den Gegenstandsbereich Lernen führt zu dem Ergebnis, daß Lernen als Abbau (subjektiver) Information (im informationstheoretischen Sinne) aufgefaßt werden kann. Im einzelnen läßt sich dies etwa am Auswendiglernen, am Wahrscheinlichkeitslernen und am Lernen durch Superzeichenbildung nachweisen (*v. Cube,* 1970, *Weltner,* 1970, u.a.).

Die Konsequenz des Informationsabbaus (oder des Aufbaus von Ordnung) liegt dabei darin, daß das Individuum Sicherheit gewinnt und Bewußtseinskapazität für die Bewältigung gegenwärtiger Situationen freisetzt.

Die Verwendung informationstheoretischer Methoden in der Didaktik trägt zur Präzisierung und Optimierung von Lehrstrategien bei: So kann man beispielsweise angeben, wie ein Text zu strukturieren ist, damit er für den Lernenden eine möglichst geringe Information aufweist; man kann die Anzahl der zur Speicherung notwendigen Wiederholungen berechnen oder man kann Angaben machen, ob und gegebenenfalls wie die Information durch Superzeichen herabgesetzt werden kann. Besonders ergiebig ist die Verwendung informationstheoretischer Methoden bei der Entwicklung von Lehrstrategien zur Erlangung von Kenntnissen und bei der (darstellenden) Vermittlung von Erkenntnissen; aber auch bei Fertigkeits- und sogar bei Einstellungsstrategien erweist sich die Informationstheorie als nützliches Forschungsinstrument.

Neuerdings wird die Informationstheorie (im Zusammenhang mit der Zeichentheorie) auch in der Mediendidaktik mit Erfolg verwendet. Dabei wird versucht, geläufige Codierungen (z.B. die Codierung der Wirklichkeit durch AV-Medien, die Codierung abstrakter Zusammenhänge durch digitale Medien oder Schemata) zu präzisieren und zu optimieren. Dadurch wird die Lernwirkung der codierten Lehrstrategien erhöht.

Der dritte Hauptbereich der kybernetisch-informationstheoretischen Didaktik liegt in der Programmierung rückgekoppelter Lehrsysteme. Vom Standpunkt der Kybernetik aus handelt es sich um eine Automatisierung im Sinne einer Zielerreichung durch ein selbststeuerndes System. Über die Vorteile und Nachteile vollautomatischer, rückgekoppelter Lehrsysteme (Lehrprogramme) habe ich — ebenso wie über die neuerdings verwendeten teilprogrammierten Lehrsysteme — ausführlich berichtet (*v. Cube*, 1976 b).

3.3.3 Zur Anwendung der kybernetisch-informationstheoretischen Didaktik

So wie die kybernetisch-informationstheoretische Didaktik eine Teildisziplin der rationalen Erziehungswissenschaft ist, so ist das Problem der Anwendung dieser Didaktik ein Teilproblem der Anwendung der rationalen Erziehungswissenschaft überhaupt. Ich möchte daher zunächst die drei wichtigsten Anwendungsprobleme der rationalen Erziehungswissenschaft skizzieren.

Die Erziehungswissenschaft ist, wie jede (wertfreie) Wissenschaft, für unterschiedliche Zwecke einsetzbar. Dieser instrumentelle Charakter tritt in der Erziehungswissenschaft sogar besonders deutlich hervor: Erziehungswissenschaftliche Aussagen sind ja Implikationen, die durch (politische) Zielsetzungen zu unmittelbar anwendbaren Maßnahmen werden.

Das Hauptproblem der Anwendung besteht — wie bei jeder logisch-empirischen Wissenschaft — in der Lösung konkreter Einzelprobleme mit Hilfe der allgemeinen Sätze und Theorien der Wissenschaft. Nun hat aber jeder Einzelfall seine speziellen Voraussetzungen und Randbedingungen. Der Praktiker muß also, wie etwa in der Medizin, zunächst eine Analyse des Falles durchführen und dann aus dem Repertoire (allgemeiner) erziehungswissenschaftlicher Aussagen über Lehrstrategien, Medien usw. die „passenden" herausgreifen oder kombinieren. So ist beispielsweise bei der Anwendung der Mediendidaktik, d.h. beim optimalen Einsatz von Medien zur Codierung von Lehrstrategien unter anderem festzustellen, ob der (konkrete) Adressat über das erforderliche Zeichenrepertoire verfügt oder nicht. Dann erst können allgemeine Ergebnisse genutzt werden.

Der praktische, aber auf wissenschaftlicher Basis arbeitende Erzieher muß handlungsfähig sein. Das bedeutet, daß er die allgemeinen Sätze der Erziehungswissenschaft nicht nur im konkreten Fall anwenden kann, er muß auch unter Zeit- und Situationsdruck handeln können. Ein solches Verhalten kann nur durch Training erworben werden. Das Lehrtraining ist daher, wie etwa auch das entsprechende Training beim Arzt, ein notwendiger Bestandteil der Anwendung der rationalen Erziehungswissenschaft.

Die kybernetisch-informationstheoretische Didaktik leistet einen Beitrag zur Entwicklung und Präzisierung allgemeiner Sätze und Theorien der Erziehungswissenschaft. Ich nannte hier vor allem allgemeine Strategien zur Erlangung von Kenntnissen und Erkenntnissen, die Codierungstheorie der Mediendidaktik u.a. Einen weiteren Beitrag leistet die kybernetisch-informationstheoretische Didaktik zur Planung von Unterricht. Hier denke ich vor allem an die Regelkreisdarstellung des Ausbildungsprozesses. Man braucht ja nur — nach der Festlegung der didaktischen Stationen — die dazugehörigen Regelkreise „aufzuschneiden" und nacheinander anzuordnen. So entsteht ein praktikabler Netzplan für den Unterricht, der sich in der Praxis schon gut bewährt hat (*v. Cube*, 1976 a). Schließlich ist noch die Erstellung programmierter Lehrsysteme zu nennen. Dabei geht es nicht nur um die Automatisierung der didaktischen Regelung als solcher; die Anwendung informationstheoretischer Methoden erlaubt darüber hinaus eine relative Optimierung derartiger Lehrsysteme – seien es Voll-Programme oder teilprogrammierte Systeme. Insbesondere möchte ich auf das programmierte AV-Training hinweisen, das in der Praxis (Verkehrserziehung, Sporterziehung, Lehrtraining usw.) immer mehr an Bedeutung gewinnt.

3.3.4 Andere Ansätze im Aspekt des Kritischen Rationalismus

Vom Standpunkt des Kritischen Rationalismus aus kann die Geisteswissenschaft, soweit sie sich des hermeneutischen Verfahrens bedient, nicht als Wissenschaft anerkannt werden. Dies gilt nicht nur für solche Richtungen in der Geisteswissenschaft, die transzendente Begriffe, wie etwa „objektiver Geist", „das Überzeitliche" usw., benutzen, sondern auch für diejenigen Richtungen, die sich auf die Interpretation von Texten oder anderen geistigen Produkten beschränken. Denn selbst bei eindeutiger Feststellung der Werte und Ziele der zu interpretierenden Autoren können nur singuläre (und keine allgemeinen) Aussagen getroffen werden. Im allgemeinen sind jedoch die Aussagen über die Autoren nicht eindeutig, so daß es sich in der Geisteswissenschaft letztlich um Mitteilungen handelt, daß der Interpretierende den Interpretierten in dieser oder jener Weise versteht.

Gemäß dem wertenden Wissenschaftsbegriff werden im geisteswissenschaftlichen Ansatz der Didaktik (auch) Zielsetzungen unter dem Begriff der Wissenschaft subsumiert. Dies kommt schon dadurch zum Ausdruck, daß unter Didaktik (als Wissenschaft) das „Was der Erziehung oder Bildung" verstanden wird. *Klafki* spricht sogar (unter der Bezeichnung Didaktik) ausdrücklich vom „Sollen" und stellt auch bestimmte Forderungen auf.

Nun könnte man den Streit darüber, ob Zielsetzungen als Wissenschaft gelten sollen oder nicht, als belanglos abtun. Tatsächlich ziehen die unterschiedlichen Wissenschaftsbegriffe jedoch weitgehende Konsequenzen nach sich: Während im Kritischen Rationalismus die Zielfrage nur politisch diskutiert, geregelt und verantwortet werden kann, fallen sie beim geisteswissenschaftlichen Ansatz in den Kompetenzbereich der Wissenschaft. Dies ist – vom Standpunkt des Kritischen Rationalismus aus – nicht nur unzulässig, es führt in der Praxis zu einer pseudowissenschaftlichen Legitimation politischer Ziele, zur „Politik im Gewande von Wissenschaft" (*v. Cube*, 1977). Ähnliche Vorwürfe mache ich anderen Wissenschaftsauffassungen, wie marxistische Wissenschaft oder kritische Theorie.

Im übrigen möchte ich ausdrücklich betonen, daß der geisteswissenschaftliche Ansatz zahlreiche interessante Gedanken, Überlegungen und Vorschläge hervorgebracht hat, die – auf moralischer und politischer Ebene –

weiter diskutiert werden sollten; ich wende mich ja nicht gegen eine Diskussion von Erziehungszielen, ich wende mich nur gegen den angeblich wissenschaftlichen Anspruch, mit dem diese auftreten.

So kann z.B. die Didaktische Analyse als die Forderung, Inhalte in einem Zusammenhang einzuordnen und so beim Adressaten ein Verstehen zu erreichen, durchaus als Anregung dienen, in erster Linie Erkenntnisse (und nicht nur Kenntnisse) zu fordern. U.U. kann die Didaktische Analyse sogar – sofern der Zielsetzer nur Kenntnisse vorschreibt – als Strategie für eine effektivere Vermittlung dieser Kenntnisse herangezogen werden.

Der frühere lerntheoretische Ansatz stimmt in der wissenschaftstheoretischen Grundlegung mit dem kybernetisch-informationstheoretischen überein. Auch beim lerntheoretischen Ansatz handelt es sich – wie *Schulz* (1972, S. 24) ausdrücklich sagt – um ein „wertfreies Beschreibungsmodell". Auch der lerntheoretische Ansatz macht eine klare Trennung zwischen Lernzielsetzung und Lernzielerreichung: Normensetzung ist nach *Schulz* „nicht das Ergebnis wissenschaftlichen Denkens" (1972, S. 40). Daran ändern auch die moralischen Appelle von *Schulz* (1976) nichts; ich verstehe jedenfalls den früheren *Schulz* nicht so, daß er diese Appelle als wissenschaftliche Aussagen auffaßt.

Meine Kritik am lerntheoretischen Ansatz richtet sich auf zwei Punkte: Zum einen handelt es sich beim *Heimann/Schulz*schen Beschreibungsmodell (im Gegensatz zum kybernetischen) um ein statisches Modell; ein solches wird aber dem Prozeßcharakter des Unterrichts nicht gerecht. Zum anderen geht der Ansatz über die Beschreibung nicht hinaus; es fehlt eine Didaktik im Sinne einer systematischen Entwicklung von Lehrstrategien und deren medialer Realisation. Diese Kritik ist jedoch eine sehr relative: Auch die kybernetisch-informationstheoretische Didaktik konnte bisher nur wenig Beiträge zu einer systematischen Didaktik einbringen.

3.4 Literatur

v. Cube, F.: Kybernetische Grundlagen des Lernens und Lehrens. Stuttgart 1970.
v. Cube, F.: Der informationstheoretische Ansatz in der Didaktik, in: *Ruprecht/ Beckmann/v. Cube/Schulz* (Hrsg.): Modelle grundlegender didaktischer Theorien. Hannover 1976 (1976 a).
v. Cube, F.: Ausbildung zwischen Automation und Kommunikation. Bochum 1976 (1976 b).
Frank, H.: Kybernetische Grundlagen der Pädagogik. Baden-Baden 1969.
Klafki, W.: Didaktische Analyse als Kern der Unterrichtsvorbereitung, in: Auswahl/ Reihe A Bd. 1. Hannover 1964.
Mager, R.F.: Lernziele und programmierter Unterricht. Weinheim 1969.
Mager, R.F./Pipe, P.: Verhalten, Lernen, Umwelt. Weinheim 1972.
Schulz, W.: Unterricht – Analyse und Planung, in: *Heimann/Otto/Schulz*: Unterricht – Analyse und Planung, Auswahl/Reihe B Band 1/2. Hannover 1972.

Schulz, W.: Unterricht zwischen Funktionalisierung und Emanzipationshilfe, in: *Ruprecht/Beckmann/v. Cube/Schulz* (Hrsg.): Modelle grundlegender didaktischer Theorien. Hannover 1976.

Weltner, K.: Informationstheorie und Erziehungswissenschaft. München 1979.

Zirz, A.: Kritischer Rationalismus und Erziehungswissenschaft. München 1979.

Christine Möller, Dr. phil., Jg. 1934,
ist o. Professorin für Psychologie
an der PH Rheinland, Abteilung Aachen.

Anschrift:
Eburonenstraße 30
5100 Aachen

Wichtige Publikationen

Perspektiven der didaktischen Forschung. Zus. mit *B. Möller.* Reinhardt, München, 1966.
Technik der Lernplanung. Beltz, Weinheim, ^{4}1973.
Praxis der Lernplanung. Beltz, Weinheim, 1974.

4 Die curriculare Didaktik

Oder: Der lernzielorientierte Ansatz

Christine Möller

4.1 Was ist ein Curriculum?

Ein Curriculum – als Endprodukt eines Entwicklungsprozesses – ist ein Plan für Aufbau und Ablauf von Unterrichtseinheiten. Ein solcher Plan muß Aussagen über Lernziele, Lernorganisation und Lernkontrolle beinhalten und dient Lehrern und Schülern zu einer optimalen Realisierung des Lernens.

4.2 Curriculare Didaktik?

Ein Curriculum kann von völlig unterschiedlichen allgemeindidaktischen Ausgangspositionen her entwickelt werden. So gibt es etwa Curricula, die nach dem Didaktikmodell der Berliner Schule (*v. Buer* 1975), solche, die nach dem Strukturgitteransatz (*Thoma* 1975), andere, die nach einem kybernetischen Modell (*Frank* 1975) konstruiert sind. Ein „curriculares Didaktikmodell" gibt es also nicht, bzw. es wäre, von den zugrundegelegten beiden Begriffen her, eine wenig sinnvolle terminologische Festschreibung. Es soll deshalb, wenn ich im folgenden meinen didaktischen Ansatz knapp vorzustellen habe, stets der mir dafür am passendsten erscheinende Ausdruck gewählt werden: lernzielorientierter Ansatz.

4.3 Warum nennt sich dieser Ansatz „lernzielorientiert"?

Ein wesentliches Merkmal eines *jeden* didaktischen Ansatzes sind Lernziele. Wenn im folgenden ein Modell vorgestellt werden soll, das sich den Namen „lernzielorientiert" gibt, so bedeutet dies, daß hier – anders als bei anderen Modellen – alle nachstehenden fünf Punkte als vorausgesetzte Annahmen eingehen. Es bedeutet,
– daß hier der Zielerstellungsprozeß in den Aufgabenbereich der Curriculumentwickler als *ein* zentraler Bestandteil hineingenommen wird und Ziele nicht als etwas Vorgegebenes, von irgendeiner außenstehenden Instanz oder Institution Alleinentwickeltes betrachtet werden;
– daß deshalb ein handhabbares Instrumentarium für den Zielerstellungsprozeß mit einzelnen praktikablen erlernbaren Handlungsschritten vorgestellt wird;

— daß dabei die Betonung auf einer eindeutigen Beschreibung dieser Ziele liegt, einer Präzision, die nur gegeben erscheint, wenn sowohl das Verhalten, das der Lerner zeigen soll, als auch der Inhalt, an dem das Verhalten geäußert werden muß, eindeutig bestimmt ist;
— daß präzise Ziele unabdingbare, wenn auch nicht hinreichende Voraussetzungen für eine effektive Methodenauswahl sind;
— und daß außerdem der Erfolg des Lernens und Lehrens bzw. des erstellten Curriculums nur anhand der Ziele wirkungsvoll überprüft werden kann.

Selbstverständlich bedeuten diese Annahmen nicht, daß Lerner und Lehrende als andere zentrale Elemente bei der Arbeit nach diesem Ansatz nur in zweiter Linie berücksichtigt werden.

Das hier vorzustellende Modell hat wesentliche Anregungen vor allem aus behavioristisch orientierten Arbeiten gewonnen (*Skinner* 1953, *Tyler* 1973, *Bloom* [2]1973, *Mager* 1974), aus einer wissenschaftstheoretischen Position, die mit ihrer Betonung des beobachtbaren Verhaltens der pädagogischen Forschungs- und Entwicklungsarbeit eine Fülle von Impulsen gegeben hat und noch immer gibt, wie etwa an der Erfindung der Programmierten Instruktion oder — vor allem im letzten Jahrzehnt — an der Entwicklung der Verhaltensmodifikation im pädagogischen Bereich (*Adameit* u.a. 1971, *Krumm* 1979, *Rost/Grunow/Oechsle* 1975) abzulesen ist.

4.4 Was soll der lernzielorientierte Modellansatz leisten?

Der hier vorzustellende Ansatz ist ein präskriptiver, d.h. er hat die Funktion, *Handlungsanweisungen für den Unterricht, für seine Planung, Durchführung und Analyse,* zu geben. Als präskriptiver Didaktikansatz setzt er deskriptive und normative Didaktik voraus (vgl. *Klauer* 1973, S. 107 f.), d.h., er stützt sich bei seinen Handlungsanweisungen einerseits auf Ergebnisse der empirischen Unterrichtsforschung, auf Fakten der Unterrichtswirklichkeit und deren Abhängigkeitsbeziehungen, andererseits auf Ergebnisse der normativen Didaktik, die die Frage zum Gegenstand hat, welche Ziele angestrebt werden und wie man überhaupt zu Zielen gelangt.

Die Handlungsanweisungen sollen dabei für alle Teilprozesse der Curriculumentwicklung oder Curriculumkonstruktion, also für den gesamten *Prozeß der Planung des Unterrichtsablaufs,* gegeben werden. Wie in Darstellung 1 schematisch abgebildet ist, erfolgt die Curriculumentwicklung in den drei aufeinander bezogenen und voneinander abhängigen Teilprozessen der *Lernplanung,* der *Lernorganisation* und der *Lernkontrolle.*

Darstellung 1: Schematische Darstellung der Curriculumentwicklung mit den drei Teilprozessen Lernplanung, Lernorganisation und Lernkontrolle. In den ersten Arbeitsschritten werden Lernziele für eine Unterrichtseinheit erstellt (Planung des Lern-Soll-Verhaltens = Lernplanung), hierauf opti-

male Lernstrategien zur Erreichung der ausgewählten Lernziele geplant (Planung eines optimalen Versuchs, das Lern-Soll-Verhalten zu erreichen = Lernorganisation) und schließlich Kontrollverfahren konstruiert, die überprüfen sollen, ob erstens die Lernziele erreicht wurden und aus dem Schüler SCH ein Schüler SCH' geworden ist und zweitens, ob die geplanten Lernstrategien und Lernmaterialien zur Erreichung der ausgewählten Lernziele optimal sind (Planung eines lernzielorientierten Meßinstruments, das feststellen soll, ob das geplante Lern-Soll-Verhalten mit dem tatsächlichen Lern-Ist-Verhalten übereinstimmt = Lernkontrolle).
Abkürzungen:
SCH Schüler am Anfang des Lernprozesses
SCH' Schüler am Ende des Lernprozesses
LS Lernschritt

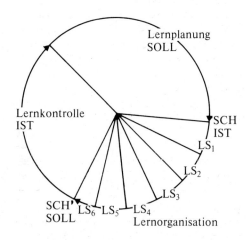

4.5 Welche Handlungsanweisungen sind nötig, wenn man nach dem lernzielorientierten Ansatz Lernplanung betreibt?

Wenn man Lernplanung betreibt, so hat man vier Handlungsschritte auszuführen:
— man muß zunächst eine möglichst umfassende Menge von *Lernzielen* für die zu erstellende Unterrichtseinheit *sammeln,*
— man muß dabei diese *Lernziele so beschreiben*, daß klar wird, welche Verhaltensweisen der Lerner an welchem Inhalt ausführen soll, wenn er das Ziel erreicht hat,
— man muß hierauf diese gesammelten *Lernziele so ordnen,* daß klar wird, welchen Verhaltens- und Inhaltsklassen sie angehören,
— und man muß sich letztlich begründet *entscheiden,* welche der gesammelten, klar beschriebenen und geordneten Lernziele in der zu planenden Unterrichtseinheit verwirklicht werden sollen.

4.5.1 Sammlung von Lernzielen

Wenn man als Lehrer für eine Unterrichtseinheit Lernziele sammelt, oder wenn man in einem Team für ein bestimmtes Curriculum die Lernplanungsarbeit beginnt, so geht man in der Regel vom Lehrplan aus. Da hier im allgemeinen nur Stoffangaben bzw. recht vage formulierte, mehrdeutige Ziele aufzufinden sind, ist es sinnvoll, anhand verschiedener Quellen und mit Hilfe verschiedener Verfahren unterschiedliche Lernziele zu sammeln, ohne zu diesem Zeitpunkt bereits zu entscheiden, ob und welche davon dann auch im Unterricht tatsächlich angestrebt werden sollen. Solche Quellen sind etwa: Texte (Lehrpläne, fachdidaktische Literatur, fachwissenschaftliche Literatur usw.), Lernsysteme, Berufsträger, Kontaktgruppen, Lehrer, Schüler, Eltern, andere Vertreter der Gesellschaft (wie Abnehmer, Experten usw.). Diese Quellen werden in der konkreten Sammlungsarbeit wohl kaum alle ausgeschöpft werden können. Es muß meist eine Auswahl getroffen werden, wobei die Ergiebigkeit der Sammlungsquelle für die zu planende Unterrichtseinheit *ein* entscheidendes Auswahlkriterium ist. Dabei scheint es ratsam, sich nicht auf eine einzige Quelle und Verfahrensweise zu beschränken, sondern zumindest mehrere Quellen auszuschöpfen. Im Nachhinein kann dann mittels einer Merkmalsanalyse überprüft werden, ob und in welchem Maß die angewandten Verfahren und die einzelnen Quellen ergiebig waren (vgl. *Frey* u.a. 1970).

4.5.2 Beschreibung von Lernzielen

Explizite Lernzielbeschreibung
Bereits während des Sammlungsprozesses wird klar, daß Lernziele in sehr unterschiedlicher Formulierung aufgefunden werden, bzw. daß in gewissen Quellen – ebenso wie in gewissen Unterrichtseinheiten – überhaupt keine ausdrücklich formulierten Zielvorstellungen vorzufinden sind. Zumindest implizite, d.h. unausgesprochene Zielvorstellungen, sind wohl überall dort, wo es um Planung und Realisierung des Unterrichts geht, vorhanden; aber diese impliziten Zielvorstellungen müssen zugunsten einer expliziten Lernzielformulierung aufgegeben werden, soll Lernplanung nach dem hier vorgeschlagenen Modell betrieben werden. Explizite Lernzielformulierung bedeutet dabei, daß ich mir als Planer von Unterricht
– erstens über die Ziele, die ich durch meinen Unterricht erreichen will, klar werde und meine Zielvorstellungen ausdrücklich aufschreibe, und daß ich
– zweitens, wo immer möglich, diese Zielvorstellungen den direkt Betroffenen, den Lernern, mitteile.

Eindeutige Lernzielbeschreibung nach Inhalts- und Verhaltensteil
Die Entscheidung zugunsten einer expliziten Lernzielformulierung sagt zunächst noch nichts aus über die Art der Lernzielbescheibung, d.h. über den Grad der Eindeutigkeit meiner Lernzielaussagen. Der nächste Handlungs-

schritt einer Lernplanungsarbeit besteht deshalb in einer *präzisen* Beschreibung der Lernziele. Da man in jedem Lernziel einen Inhalts- und einen Verhaltensteil unterscheiden kann, wobei — vom behavioristischen Ansatz her — der Inhaltsaspekt die Stimuluskomponente, der Verhaltensaspekt die Reaktionskomponente darstellt, muß diese Präzisierung in beiden Bereichen erfolgen.

Es gibt verschiedene Vorschläge für Methoden, zu einer solchen Präzisierung und damit zu eindeutig beschriebenen Zielen zu gelangen (*Mager* 1965, *Miller* 1961, *König/Riedel* 1970). Der bekannteste Vorschlag ist der von *Mager* und in seinem Buch „Lernziele und Unterricht" (1965) anschaulich dargestellt. Nach ihm ist ein Ziel dann eindeutig beschrieben, wenn darin angegeben wird,

— was der Lernende tun soll (eindeutige Endverhaltensbeschreibung),
— woran und unter welchen situativen Bedingungen er dies tun soll (Angabe der näheren Bedingungen, des situativen Rahmens), und
— woran das richtige Verhalten oder Produkt erkannt werden kann (Angabe des Beurteilungsmaßstabes, der Grenze für das noch annehmbare Verhalten).

Ein solcherart beschriebenes Lernziel kann als *Feinziel oder als operationalisiertes Lernziel* bezeichnet werden.

Zuordnung der operationalisierten Lernziele zu Grob- und Richtzielen
Diesen Prozeß der Lernzielpräzisierung, dessen Produkt operationalisierte Lernziele oder Feinziele sind, bezeichnet man als *Operationalisierungsprozeß.*

Dieser ist erst dann völlig abgeschlossen, wenn zu den jeweiligen Feinzielen auch die zugehörigen Grob- und Richtziele, d.h. die passenden weniger präzisen Lernziele, angegeben werden (vgl. *Möller* 1973, S. 83).

4.5.3 Ordnung von Lernzielen

Der nächste Handlungsschritt besteht darin, die gesammelten, präzise beschriebenen Lernziele nach einem bestimmten Ordnungsgesichtspunkt in ein vorgegebenes Ordnungsschema (einfaches Klassifikationsschema, Hierarchie, Taxonomie) einzuordnen. Lernzielordnungsschemata helfen während der Lernplanungsarbeit bei der Entdeckung von Lernzielen und erleichtern die Kommunikation im Entscheidungsprozeß.

Während des Lernorganisationsprozesses helfen sie bei der Entscheidung über adäquate Unterrichtsmethoden, und während des Lernkontrollprozesses bilden sie einen Rahmen für die Konstruktion verschiedener Testaufgaben, garantieren dadurch eine umfassendere Bewertung der Lernleistung und erlauben gezielte Fördermaßnahmen.

Ordnungsschemata des Verhaltens- und Inhaltsaspekts
Da jedes Lernziel aus einem Verhaltens- und einem Inhaltsteil besteht, ist es einerseits möglich, Ziele entweder nur nach *einem* Aspekt, nach Ver-

halten oder Inhalt, zu ordnen — wir sprechen dann von eindimensionalen Ordnungsschemata — andererseits können sogenannte zweidimensionale Schemata entwickelt werden, die beide Teile eines Lernziels, Inhalt *und* Verhalten, berücksichtigen.

Bloom und seine Mitarbeiter beschrieben 1956 eine Lernzieltaxonomie, die zunächst als einfaches Klassifikationsschema eine Ordnung aller Lernziele nach ihrer Zugehörigkeit zum kognitiven, affektiven und psychomotorischen Verhaltensbereich ermöglichte.

Der *kognitive Bereich* wurde hierauf von dem Arbeitskreis um *Bloom* weiterhin aufgegliedert, und es entstand in langfristiger Entwicklungsarbeit ein nach dem Komplexitäts- oder Bewußtheits- oder Schwierigkeitsgrad hierarchisch aufgebautes Ordnungsschema, das im deutschen Sprachraum als kognitive Lernzieltaxonomie sehr bekannt geworden ist. Die Taxonomie ist in folgende sechs Hauptklassen (mit je einigen hier nicht angegebenen Unterklassen) gegliedert:

1.00 Wissen
2.00 Verstehen
3.00 Anwendung
4.00 Analyse
5.00 Synthese
6.00 Evaluation.

Für den *affektiven* Bereich erschien 1964 aus dem *Bloom*'schen Arbeitskreis (*Krathwohl/Bloom/Masia* 1964) ein ebenfalls hierarchisch gegliedertes Ordnungsschema, bei dem der Ordnungsgesichtspunkt der Grad der Internalisierung oder Verinnerlichung eines Lernziels ist. Die Taxonomie besteht aus folgenden fünf Hauptklassen (mit jeweils 2–3 hier nicht angegebenen Unterklassen):

1.00 Beachtung
2.00 Beantwortung
3.00 Werten
4.00 Wertzuordnung
5.00 Festlegung der Persönlichkeit durch einen Wert oder Wertkomplex.

Für den *psychomotorischen Bereich* wurde von *Bloom* und Mitarbeitern kein Ordnungsschema entwickelt. Es gibt allerdings eine Reihe von verschiedenartigen Taxonomieansätzen (*Bunk* 1972, *Dave* 1968, *Harrow* 1972, *Kath* 1970, die jedoch die Anforderungen an ein brauchbares Ordnungsschema nur zum Teil erfüllen (vgl. *Gerken* 1973). Ordnungsschemata des *Inhaltsaspekts* sind meist einfache, nicht hierarchisch aufgebaute Klassifikationsschemata, und können entweder umfassend konzipiert oder aber bloß als Instrumentarium für ein bestimmtes Schulfach bzw. einen Teilbereich eines Schulfaches geeignet sein (vgl. *Flechsig* 1970, *Tyler* 1950).

Zweidimensionale Ordnungsschemata kombinieren dann in einer Matrix Inhalts- und Verhaltensklassen.

Auswahl des Ordnungsschemas und Zuordnung von Lernzielen zu bestimmten Ordnungsklassen
Bei der Auswahl eines Ordnungsschemas und bei der Anwendung von Ordnungstechniken können gewisse Fragen und Schwierigkeiten auftreten. Im Zusammenhang damit sollten die folgenden thesenartig zusammengefaßten Punkte beachtet werden:
— Das optimale Lernzielordnungsschema gibt es nicht. Ein jedes Modell weist gewisse Vorteile, aber auch Nachteile auf — keines ist bis jetzt ganz ohne Widerspruch und Kritik geblieben.
— Es kommt auf die jeweilige Funktion an, die ein Lernzielordnungsschema erfüllen soll, ob es brauchbar ist. Deshalb muß bei der Auswahl eines solchen Schemas stets von der Aufgabe, die es im Rahmen der Lernplanung, der Lernorganisation oder der Lernkontrolle übernehmen soll, ausgegangen werden.
— Findet sich für eine bestimmte Funktion kein geeignetes Ordnungsschema, so ist es durchaus legitim, ein solches Schema selbst zu erstellen bzw. zu adaptieren. Für Inhaltsordnungen wird sich dies sehr oft als notwendig erweisen. Aber auch Verhaltensordnungsschemata werden manchmal sinnvollerweise adaptiert, d.h. gekürzt werden müssen.
— Zweidimensionale Ordnungsschemata sind im allgemeinen den eindimensionalen vorzuziehen, weil sie beide Aspekte eines Lernzieles berücksichtigen und dadurch eine umfassendere Ordnung erlauben.
— Als Verhaltensordnungsschemata sind im allgemeinen solche des *Gagné*[2] schen Typus vorzuziehen, wenn sie ihre Funktion vorwiegend im Rahmen der Lernorganisation erfüllen sollen; solche des *Bloom*'schen Typus dürften für Lernplanungs- und Lernkontrollaufgaben geeigneter sein.
— Die Anwendung einer Lernzielordnungstechnik, das heißt, die Zuordnung von Lernzielen zu bestimmten Klassen eines Ordnungsschemas, setzt zum Erlernen einen gezielten Übungsprozeß voraus.
— Bei diesem Übungsprozeß sollte zunächst die Unterscheidung zwischen Verhaltens- und Inhaltsaspekt eines Lernziels gelernt werden.
— Beim Erlernen des Zuordnens ist zu beachten, daß diese Zuordnung um so leichter gelingt, je besser die zu ordnenden Lernziele operationalisiert sind. Sind die Lernziele nur wenig oder gar nicht operationalisiert, so darf nicht übersehen werden, daß in diesem Fall eine Zuordnung Entscheidungsprozesse des Zuordners beinhaltet.
— Bei der Zuordnung sollten sowohl die Bezeichnungen und Definitionen der Klassen als auch vor allem die von den Autoren angegebenen Lernzielbeispiele beachtet werden. Wenn solche Beispielangaben fehlen, wie in der psychomotorischen Lernzieltaxonomie von *Dave*, wird ein Erlernen der Zuordnungstechnik schwieriger.
— Es sollten womöglich Materialien, die eigens zum Erlernen der Anwendung von Ordnungstechniken konstruiert wurden, vor der Arbeit mit Taxonomien durchstudiert werden (vgl. *Möller* 1975, S. 419).

4.5.4 Entscheidung für Lernziele

Als letzter Arbeitsschritt des Lernplanungsprozesses erfolgt nunmehr der zentrale, aber problematischste: die Entscheidung. Hier werden aus dem möglichst umfassenden Inventar aller gesammelten, hinreichend präzise beschriebenen und in ein Klassifikationsschema geordneten Lernziele diejenigen herausgesucht, die in der zu planenden Unterrichtseinheit tatsächlich verwirklicht werden sollen. Dies ist deshalb notwendig,
– weil die aus verschiedenen Quellen gewonnenen Lernziele einander unter Umständen widersprechen können,
– weil meist nur eine begrenzte Lernzeit zur Verfügung steht und deshalb nicht alle gesammelten Lernziele verwirklicht werden können;
– weil unterschiedliche Personengruppen, etwa Lehrer, Schüler, Eltern, Abnehmer usw., unterschiedliche Neigungen für bestimmte Lernziele haben und diese Präferenzen offengelegt und eine rationale Diskussionsbasis gewährleistet werden muß. Der Entscheidungsprozeß dient auf diese Weise der Legitimationsprüfung der Lernziele.

Zwei unterschiedliche Strategien der Lernzielentscheidung sind bekannt; die erste ist der *Versuch einer Anwendung der Entscheidungstheorie bei der Lernzielauswahl.*
Flechsig u. Mitarbeiter (1970) haben ein formales Entscheidungsmodell auf Prozesse der Entscheidung über Lernziele angewendet. Im Mittelpunkt dieses Modells steht die Entscheidungssituation, in der die Auswahl der Entscheidungsträger die zentrale Rolle spielt. Sie muß nach den Kriterien Kompetenz und Legitimität erfolgen. Der zweite Ansatz besteht darin, jedes einzelne der gesammelten Lernziele auf seine *Entsprechung mit* bestimmten sogenannten *Validierungskriterien* zu überprüfen.
Folgende Kriterien wurden von amerikanischen Curriculumtheoretikern als brauchbar zur Selektion von validen Lernzielen vorgeschlagen wobei allerdings bedacht werden muß, daß diese Kriterien interpretationsbedürftig sind:
– Kriterium der gesellschaftlichen Anforderung
– Kriterium der basalen menschlichen Bedürfnisse
– Kriterium der demokratischen Ideen
– Kriterium der Konsistenz
– Kriterium der verhaltensmäßigen Interpretation
– Kriterium der Bedeutsamkeit für das Fach
– Kriterium der optimalen Erreichbarkeit durch schulisches Lernen.

4.5.5 Das Produkt des Lernplanungsprozesses

Ist der Lernplanungsprozeß abgeschlossen, so ergibt sich als Produkt ein geordnetes Inventar präzise beschriebener, begründeter Lernziele zur Weiterverarbeitung. Auf dieser Basis kann der Lernorganisationsprozeß begonnen werden.

4.6 Welche Handlungsschritte sind nötig, wenn man nach dem lernzielorientierten Ansatz Lernorganisation betreibt?

Im Prozeß der Lernorganisation geht es darum, Unterrichtsmethoden und -medien auszuwählen bzw. zu entwickeln, mit deren Hilfe die Lerner die vorher aufgestellten Ziele optimal, d. h. vor allem ohne unerwünschte Nebenwirkungen, erreichen können. Auch bei diesem Entwicklungsprozeß handelt es sich um einen komplexen Entscheidungsprozeß, der sorgfältig vorbereitet werden muß. Aus Platzgründen können hier nur mehr die Hauptfragen und Probleme während dieses Prozesses genannt werden.

4.6.1 Beschreibung von Unterrichtsmethoden

Zunächst ergibt sich im Zusammenhang mit der Auswahl — analog zum Lernzielbeschreibungsprozeß — die Frage, ob Unterrichtsmethoden überhaupt ausdrücklich beschrieben werden müssen. Der lernzielorientierte Ansatz beantwortet dieses Problem zugunsten der *expliziten Methodenbeschreibung*. Aber auch dann muß weiter überlegt werden, wie *konkret Methoden dabei beschrieben werden* müssen. Versteht man unter einer Methode die Beschreibung des Weges, um Lernziele zu erreichen, und dabei vor allem die Beschreibung eines bestimmten Arrangements der externen Bedingungen des Lehrens, so kann diese Beschreibung recht global erfolgen. Wenn wir „Vortragsmethode" oder „Diskussionsmethode" sagen, so handelt es sich um eine solch globale Beschreibung. Wenn *Glaser* (1973) meint, diese Beschreibungen müßten „allmählich ersetzt werden durch wesentlich differenziertere Konzepte der Organisation, Kodierung, Speicherung und Rekonstruktion von Informationen", so ist die Frage des Abstraktionsniveaus der Unterrichtsmethodenbeschreibung angesprochen.

Ein drittes Problem in diesem Zusammenhang ist die Frage, welche Aussagen zu welchen Bereichen gemacht werden müssen, um eindeutige Methodenbeschreibungen zu bekommen. Aussagen, die die Aktivitäten des Lehrenden und der Lernenden, sowie die Interaktion zwischen diesen beschreiben, sind dabei notwendig, ebenso Aussagen zu Lernbedingungen und Lernhilfen. Ein lerntheoretisches Erklärungsmodell für die Wirksamkeit der beschriebenen Methode müßte Basis des Beschreibungsprozesses sein.

4.6.2 Ordnung von Unterrichtsmethoden

Als weitere Vorarbeit zum Lernzielauswahlprozeß wird — nach einer expliziten, eindeutigen Methodenbeschreibung — die Ordnung der beschriebenen Methoden nötig. Damit im Zusammenhang ergibt sich zunächst die Frage, *nach welchen Gesichtspunkten* eine solche Ordnung erfolgen soll: Sicher sind Lernziele, aufgegliedert nach Inhalts- und Verhaltensaspekt, ein wesentliches Ordnungsmerkmal (vgl. Darst. 2 und auch *Gage/Berliner* 1977, S. 427–428); andere Gesichtspunkte wären etwa Schüler- und Lehrermerkmale. Hierbei stellt sich auch das Problem der *mehrdimensionalen Methodenordnung* (etwa nach Lernzielen und Schülermerkmalen), eines Klassifikationsschemas, das als optimales Instrument einer Entscheidungsaufbereitung angesehen werden kann.

Kategorie der Unterrichtsziele	Lehrmethoden				
	Vortrag	Diskussion	individuell ausgerichtet	humanistisch	Unterrichtsgespräch
Kognitive Ziele					
1. Kenntnisse	B	C	A	C	B
2. Verständnis	B	B	A	C	B
3. Anwendung	C	A	A	B	B
4. Analyse	C	A	A	B	B
5. Synthese	C	A	A	B	B
6. Bewertung	D	A	C	B	B
Affektive Ziele					
1. Aufnahmen	B	A	A	A	B
2. Reagieren	D	A	B	A	B
3. Werte bilden	B	A	D	A	B
4. Organisation von Werten	B	B	D	A	B
5. Charakterisierung durch Werte	D	B	D	A	B
Psychomotorische Ziele					
1. Grobe Körpermotorik	D	D	A	C	D
2. Koordinierte Feinmotorik	D	D	A	C	D
3. Nichtverbale, kommunikative Haltungen	D	B	C	A	B
4. Sprachverhalten	D	A	C	B	B

A = ausgezeichnet; B = gut; C = mäßig; D = schlecht

Darstellung 2: Eine Ziele-Methoden-Matrix mit Einschätzungen der Eignung jeder Hauptmethode für jede Kategorie von Unterrichtszielen (*Gage/Berliner* 1977, S. 468)

4.6.3 Entscheidung für bestimmte Unterrichtsmethoden

Die eigentliche Unterrichtsmethodenauswahl erfolgt im Handlungsschritt der Entscheidung. Hier ist es zunächst nötig, die Kriterien zu kennen, die eine Entscheidung determinieren sollen. Solche Kriterien sind: Lernziele, Lerner, Lehrer, situative Bedingungen.

Daß *Lernziele* ein wichtiges Entscheidungskriterium sind, da manche Unterrichtsmethoden für bestimmte Verhaltens- und Inhaltsbereiche besser geeignet erscheinen, zeigt abermals die Bedeutung eines vorangegangenen vollständigen Lernplanungsprozesses.

Der *Lerner* als weiteres wichtiges Entscheidungskriterium geht von der Tatsache aus, daß nicht jede Unterrichtsmethode für jeden Schüler gleich gut geeignet ist. Es ist deshalb notwendig — und hier wird die Bedeutung des Lernkontrollprozesses angesprochen — relevante Lernvoraussetzungen bei den Schülern zu erheben, aufgabenrelevante Vorkenntnisse, aufgabenrelevante Fähigkeiten, Präferenzen für bestimmte Unterrichtsinhalte und -stile. Wie die ATI-Forschung (Aptitude-treatment interaction) gezeigt hat, lassen sich zwischen Schülermerkmalen, etwa zwischen Angst, Intelligenz, Motivation, kognitivem Stil und Unterrichtsmethoden Wechselwirkungen nachweisen (*Flammer* 1973, *Schwarzer/Steinhagen* 1975), die beim Entscheidungsprozeß bedacht werden müssen.

Auch die *Lehrer* mit ihren aufgabenrelevanten Vorkenntnissen und Fähigkeiten, mit ihren Präferenzen für bestimmte Unterrichtsstile und Unterrichtsmethoden, sowie *situative Bedingungen* wie räumliche, zeitliche, ökonomische, ausstattungsmäßige und personelle Gegebenheiten, müssen im Entscheidungsprozeß mitüberlegt werden.

4.6.4 Das Produkt des Lernorganisationsprozesses

Ist der Lernorganisationsprozeß abgeschlossen, so ergeben sich als Produkt den Lernzielen und Lernern zugeordnete, eindeutig beschriebene und begründete Unterrichtsmethoden und -medien. Hierauf kann mit der Lernkontrollarbeit begonnen werden.

4.7 Welche Handlungsschritte sind nötig, wenn man nach dem lernzielorientierten Ansatz Lernkontrolle betreibt?

Im Prozeß der Lernkontrolle geht es darum, Kontrollverfahren zu entwickeln bzw. auszuwählen, mit deren Hilfe überprüft werden kann, ob die Lerner die vorher aufgestellten Lernziele durch das ausgewählte Arrangement der Lernbedingungen auch erreicht haben. In der Phase der Konstruktion von lernzielorientierten Testaufgaben muß deshalb, sollen die Aufgaben valide sein, d.h. sollen sie die Lernziele des Curriculums repräsentieren, von eindeutig beschriebenen und geordneten Lernzielen ausgegangen werden. Erst dann können Aufgaben entwickelt und — nach der Testdurchführung — eine Analyse (Inhaltsvalidierung, Aufgabenanalyse, Zuverlässigkeitsbestimmung) und Auswertung (Ermittlung der Rohwerte und Interpretation) vorgenommen werden. Die beiden letztgenannten Handlungsschritte allerdings setzen die Implementation, d.h. die Realisierung des entwickelten Curriculums, voraus.

Damit schließt sich der Kreis, und die Lernplanung kann, ausgehend von der Interpretation der gewonnenen Ergebnisse der Lernkontrolle, aufs Neue beginnen.

4.8 Was sind die Vorteile des lernzielorientierten Ansatzes?

Die Vorteile des lernzielorientierten Ansatzes lassen sich meiner Meinung nach in vier Punkten zusammenfassen:

4.8.1 Der Vorteil der Transparenz

Transparenz bedeutet hier ein Durchsichtigmachen der Absichten, so daß alle am Unterricht Betroffenen, Schüler, Lehrer, Eltern wissen und verstehen, was und warum gerade dies angezielt wird. Es bedeutet, daß bei diesem Ansatz nicht Wesentliches unausgesprochen bleibt, daß der Lehrer „seine Karten offen auf den Tisch legen" und sich „hinter die Kulissen schauen lassen" muß. Durch explizite Lernziel-, Methoden- und Kontrollverfahrensformulierung, durch eindeutige, konkrete Lernziel- und Methodenbeschreibung und durch einen einsehbaren, nachvollziehbaren Entscheidungsprozeß anhand gewisser Kriterien sowohl während des Lernplanungs-, des Lernorganisations- und des Lernkontrollprozesses ist diese Transparenz als ein wesentliches *demokratisierendes* Element gegeben. Mit einer solchen Transparenz und Offenlegung der Absichten werden diese erst diskutierbar: sie können angegriffen werden, man kann ihnen zustimmen.

4.8.2 Der Vorteil der Kontrollierbarkeit

Kontrolle bedeutet dabei zunächst, daß der Lehrer, der nach diesem Ansatz vorgeht, sein Tun von vornherein in Frage stellt, Möglichkeiten der Überprüfung sucht und akzeptiert und sich nicht mit einem „Glauben, daß alles gut gelaufen ist", begnügt. Kontrolle bedeutet aber auch, daß die Entscheidungen des Lehrers im Lernplanungs- und Lernorganisationsprozeß in der Phase der Lernkontrolle durch eine gezielte Überprüfung beurteilt werden. Dieser Faktor der Kontrollierbarkeit scheint damit ein wesentliches *rationales Element* in die Diskussion zu bringen.

4.8.3 Der Vorteil der Beteiligung der Betroffenen

Betroffene, das sind vor allem Schüler, Lehrer, Eltern, können nach dem lernzielorientierten Ansatz als zentrale „Sammlungsquellen" sowie als wichtige „Entscheidungsträger" angesehen werden, die im Lernplanungs- und Lernorganisationsprozeß eine bedeutsame Rolle spielen. Kompetentes Mitentscheiden und Mitbestimmen, durch ein möglichst breites Informieren vorbereitet, kann neben der Transparenz als weiteres *demokratisierendes Element* angesehen werden.

4.8.4 Der Vorteil der Effizienz

Der letzte Vorteil dieses Ansatzes besteht meiner Meinung nach in seiner Effizienz: Effizienz insofern, als die Grundlage jeder adäquaten Lernorganisation und Lernkontrolle konkret beschriebene Lernziele sind, als ich mit Hilfe von expliziten, eindeutig beschriebenen Lernzielen die Lernsituation kläre und damit positive Verstärkungsmöglichkeiten bei Lehrern und Lernern schaffe; womit — nach dem *Skinner*schen Lernmodell — das wirksamste Mittel zum Aufbau erwünschter Verhaltensweisen diesem Modellansatz innewohnt.

4.9 Literatur

Adameit, H., Heidrich, W., Möller, Chr., Sommer, H.: Grundkurs Verhaltensmodifikation. Beltz, Weinheim 1978.
Bloom, B. S., u.a.: Taxonomie von Lernzielen im kognitiven Bereich. Beltz, Weinheim ^{2}1973.
v. Buer, J.: Anwendung des Didaktikmodells der Berliner Schule beim Fremdsprachenunterricht als Ausgangsbasis und Rahmen. In: *Frey, K.:* Curriculum-Handbuch. Bd. I, Piper, München 1975.
Bunk, G. P.: Neue Wege in Didaktik und Methodik. In: Berufsbildung auf dem Weg in die Zukunft. Kongressbericht München des Kuratoriums der deutschen Wirtschaft für Berufsbildung. Bonn 1972, 81—91.
Dave, R. H.: Eine Taxonomie pädagogischer Ziele und ihre Beziehung zur Leistungsmessung. In: *Ingenkamp, K.,* u. *Marsolek, Th.* (Hrsg.): Möglichkeiten und Grenzen der Testanwendung in der Schule. Beltz, Weinheim 1968, 225—239.
Edelmann, G., Möller, Chr.: Grundkurs Lernplanung. Beltz, Weinheim 1976.
Flammer, A.: Wechselwirkungen zwischen Schülermerkmalen und Unterrichtsmethoden. In: *Schwarzer, R., Steinhagen, K.* (Hrsg.): Adaptiver Unterricht. Kösel, München 1975.
Flechsig, K. H., Garlichs, A., Haller, H. D., Heipke, K., Schlösser, H.: Probleme der Entscheidung über Lernziele. In: *Achtenhagen, F., Meyer, H. L.* (Hrsg.): Curriculumrevision. Kösel, München 1971.
Flechsig, K. H., u.a.: Ein erfahrungswissenschaftlichentscheidungstheoretischer Ansatz einer Theorie der Curriculumentwicklung. Monographien zur Unterrichtsforschung: Monographie VI, hektogr. Univ. Konstanz: Konstanz o.J.
Frank, H.: Ein Ansatz zu einer kybernetisch-pädagogischen Lehrplanungstheorie als Beitrag zur Curriculumsdiskussion. In: *Frey, K.:* Curriculum-Handbuch, Bd. I. Piper, München 1975.

Frey, K. u. a. (Hrsg.): Curriculum-Handbuch. Band I, II, III, Piper, München 1975.
Gage, N. L, Berliner, D. C.: Pädagogische Psychologie. Urban & Schwarzenberg, München, Wien, Baltimore ²1979.
Gerken, H.: Analyse ausgewählter Ansätze zu einer psychomotorischen Lernzieltaxonomie. Unveröff. wiss. Arbeit f. d. 1. Staatspr., Aachen 1973.
Harrow, A. J.: A Taxonomy of the Psychomtoric Domain David McKay, New York 1972.
Jegensdorf, L.: Lernplanung im Literaturunterricht, Schwann, Düsseldorf 1978.
Kath, M. F.: Vorschlag zu einer Taxonomie des motorischen Bereichs. In: Die Deutsche Berufs- und Fachschule 66, 12/1970, 911–921.
Klauer, K. J.: Revision des Erziehungsbegriffs. Grundlagen einer empirisch-rationalen Pädagogik. Schwann, Düsseldorf 1973.
Klauer, K. J.: Methodik der Lehrzieldefinition und Lehrstoffanalyse. Schwann, Düsseldorf 1974.
König, E., Riedel, H.: Unterrichtsplanung als Konstruktion. Beltz, Weinheim 1970.
Krathwohl, D. R., Bloom, B. S., Masia, B. B.: Taxonomy of educational objectives: The classification of educational goals. Handbook II: Affective Domain. David McKay, New York 1964.
Krumm, V. (Hrsg.): Zur Handlungsrelevanz der Verhaltenstheorien. Urban & Schwarzenberg, München, Wien, Baltimore 1979.
Mager, R. F.: Lernziele und Unterricht. Beltz, Weinheim 1974.
Miller, R. B.: The newer roles of the industrial psychologist. In: *Gilmer, H.* (ed.): Industrial psychology. McGraw Hill, New York 1961.
Möller, B.: Analytische Unterrichtsmodelle. Ergebnisse und Probleme der Lernorganisation. Reinhardt, München ²1971.
Möller, B., Möller, Chr.: Perspektiven der didaktischen Forschung. Reinhardt, München 1966.
Möller, Chr.: Technik der Lernplanung. Beltz, Weinheim ⁴1973.
Möller, Chr. (Hrsg.): Praxis der Lernplanung. Beltz, Weinheim 1974.
Möller, Chr.: Techniken der Klassifizierung und Hierarchisierung von Lernzielen. In: *Frey, K.,* u. a. (Hrsg.): Curriculum-Handbuch, Bd. II. Piper, München 1975.
Möller, Chr.: Lernplanung – eine Möglichkeit zur Verwirklichung der Demokratie in der Schule. In: *Meyer, E.* (Hrsg.): Erzieher und Lehrer in der Sackgasse? Österreichischer Bundesverlag, Wien 1977.
Rost, D. H., Grunow, P., Oechsle, D. (Hrsg.): Pädagogische Verhaltensmodifikation. Beltz, Weinheim 1975.
Scholz, G.: Lernzielorientierung – Didaktische Wende oder modischer Trend? Unveröff. Manuskript, Aachen 1979.
Schott, F.: Lehrstoffanalyse. Schwann, Düsseldorf 1975.
Schwarzer, R., Steinhagen, K. (Hrsg.): Adaptiver Unterricht. Zur Wechselwirkung von Schülermerkmalen und Unterrichtsmethoden. Kösel, München 1975.
Skinner, B. F.: Science and Human Behavior. The Free Press: New York 1953.

Thoma, G.: Anwendung eines didaktischen Strukturgitters in der Entwicklung von Lehrplänen als Ausgangsbasis und Rahmen bei der Konzeption von Curriculumprozessen. In: *Frey, K.:* Curriculum-Handbuch, Bd. I. Piper, München 1975.
Tyler, R. W.: Curriculum und Unterricht. Schwann, Düsseldorf 1973.

Rainer Winkel, Dr. phil., M. A., Jg. 1943,
ist o. Professor für Erziehungswissenschaft
an der Berliner Hochschule der Künste.

Anschrift:
Swedestraße 6 – Castellum
4600 Do-Lütgendortmund

Wichtige Publikationen

Theorie und Praxis des Team Teaching. Westermann, Braunschweig, 1974.
Der gestörte Unterricht. Kamp, Bochum, ²1980.
Pädagogische Psychiatrie für Eltern, Lehrer und Erzieher. List, München, ¹1977; Fischer Taschenbuch, Frankfurt, ²1980.
Angst in der Schule. Neue Deutsche Schule, Essen, ²1980.
Rainer Winkel ist Co-Schriftleiter der Zeitschrift Westermanns Pädagogische Beiträge.

5 Die kritisch-kommunikative Didaktik

Rainer Winkel

5.1 Was heißt Didaktik, kritisch, kommunikativ?

Didaktik ist die Theorie des Lehrens und Lernens, d.h. die systematische Erhellung einer Praxis, die allemal schwieriger, komplexer und widersprüchlicher ist als die hier zu entfaltende Theorie. Gelehrt und gelernt aber wird überall: bei der Bundeswehr und auf dem Bau, in Diskotheken und in der Familie, in Kirchen und Universitäten – und natürlich *auch* in den Schulen. Nun kann man lehren und lernen nebenher, informell, by the way, quasi ungeplant. Und das sind die schlechtesten Lehrer und Schüler nicht, die solchermaßen tun. Jedes Kleinkind lernt auf diese Weise: eine ganze Sprache, essen, trinken, lieben, spielen usw. Alle Eltern sind, so gesehen, Lehrende ohne didaktische Anleitungen. Warum belassen wir es nicht dabei? Nun, aus zwei Gründen: Einmal wird das, was da gelehrt und gelernt werden soll/kann, um so unüberschaubarer und schwieriger, je weiter man in diese Bereiche vordringt; d.h. ohne gekonnte Hilfen endet laienhaftes Lehren und Lernen letztlich im Dilettieren. Zum anderen soll in der Schule planvoll (systematisch) gelehrt und gelernt werden; mit anderen Worten: wenn Lehren und Lernen gänzlich der Beliebigkeit anheimgegeben würden (was nicht dasselbe ist wie der Lehr- und Lern*freude*), würde die Gesellschaft zugrundegehen. Menschliches Leben ist kommunikatives Leben. Und bei der Auflistung der Grundaxiome jedweder Kommunikation – so lehrt uns die Kommunikationswissenschaft – gehört die Erwartbarkeit konstitutiv genauso dazu wie zehn weitere Bestandteile, auf die noch eingegangen wird. Vor der Beliebigkeit aber bewahrt nur die Theorie, d.h. die begründete Rechtfertigung, die systematische Überlegung, die überzeugende Anordnung. Um also überhaupt Verständlichkeit herzustellen, müssen Lehren und Lernen geplant, analysiert – eben didaktisiert werden.

Didaktik ist also hier die Theorie des schulischen Lehrens und Lernens, d.h. die systematische, nachprüfbare und helfende Analyse und Planung unterrichtlicher Lehr- und Lernprozesse.

Nun wird diese Didaktik, durchaus im Gegensatz zu anderen didaktischen Theorien, kritisch-kommunikativ genannt. Was heißt das? Kritisch ist diese Didaktik insofern, als sie vorhandene Wirklichkeiten, die Ist-Werte unserer Gesellschaft (vgl. Abb. 1), eben nicht unkritisch akzeptiert, sondern – soweit dies Schule überhaupt kann – permanent zu verbessern trachtet, in Sollens-Werte zu überführen sucht. Erziehung, Schule, Unterricht haben Teil an der „emendatio rerum humanarum" (*Comenius*), an der Verbesserung der menschlichen Dinge, d.h. sie entzünden sich an den Defekten der momentanen Wirklichkeit unter dem Horizont einer zukünftigen Möglichkeit. Und diese lautet für unsere Verhältnisse: Demokratisierung und Humanisierung aller Lebensbereiche. In dieser Dialektik wurzelt das kritische Potential einer Didaktik, die ihre „Normen", das Verbindliche, Autoritative des Lehrens und Lernens letztlich von dem Anspruch her ableitet, den wir alle grund-gesetzlich artikulieren.

Darüber hinaus nennt sich diese Didaktik eine kommunikative, was zwei Bedeutungsebenen anspricht: Unterricht ist ein kommunikativer Prozeß, der sich durch folgende elf Axiome konstituiert[1]:

Die *Permanenz:* Man kann nicht nicht kommunizieren; die *Beziehung:* jeder kommunizierte Inhalt stellt eine bestimmte Beziehung her; die *Festlegung:* in jeder Kommunikation legen sich die Teilnehmer gegenseitig auf bestimmte Rollen hin fest; die *Ökonomie:* Kommunikationspartner verhalten sich bezüglich des Risikos und Aufwands ihrer Kommunikation ökonomisch; die *Institution:* Kommunikationen haben die Tendenz, sich durch offizielle oder offiziöse Institutionalisierungen als solche aufrechtzuerhalten; die *Erwartbarkeit:* um soziale Identität herzustellen, fließen in alle Kommunikationen Erwartungen ein; die *Regeln und Rollen:* Kommunikationen sind entweder mehr von der Gleichheit ihrer Partner gekennzeichnet (symmetrisch) oder von der Unterschiedlichkeit (komplementär); die *Inhalte und Beziehungen:* jede Kommunikation will etwas auf bestimmte Weise mitteilen, und erst der situative Kontext läßt darauf schließen, ob ein bestimmter Inhalt oder eine bestimmte Beziehung zwischen Kommunikatoren die eigentliche „Botschaft" ist; die *Kontrolle:* alle Kommunikationen beinhalten (z.T. latent) immer auch Anweisungen, Empfehlungen, Wünsche, Meinungen usw., mit deren Hilfe die Teilnehmer sich wechselseitig versichern; die *Störung:* alle menschliche Kommunikation ist prinzipiell störanfällig, bis hin zum kommunikativ krankhaften Verhalten; *Mittel und Selbstzweck:* Kommunikationen haben einen mehr instrumentalen oder einen mehr konsumatorischen Charakter, sind also letztlich eher Mittel zum Zweck (der Information, Belehrung z.B.) oder Selbstzweck (etwa beim vergnüglichen Erzählen).

Die zweite Bedeutungsebene des Adjektivs kommunikativ bezieht sich auf die weiter oben skizzierte Dialektik dieser Didaktik: Nicht nur weil Unterricht ein kommunikativer Prozeß *ist* (mit all den leidigen Defekten), bezeichnet sie sich so, sondern auch deshalb, weil Lehren und Lernen kommunikativer werden *sollen,* d.h. schülerorientierter, kooperativer, transparenter, mit- und selbstbestimmender, störungsärmer usw.

Die hier vorzustellende Didaktik ist also eine Theorie (d.h. eine systematische Analyse und Planung) des schulischen Lehrens und Lernens als kommunikativen Prozessen mit dem Ziel, vorhandene Wirklichkeiten kritisch zu reflektieren und sie in anspruchsvollere Möglichkeiten zu transformieren.

5.2 Die anderen didaktischen Theorien

Auch wenn hier nicht der Platz ist, die kritisch-kommunikative Didaktik im Kontext der verschiedenen didaktischen Richtungen zu kennzeichnen, sollen doch ein paar wenige diesbezügliche Hinweise gegeben werden, zumal sie die Selbstdarstellung erleichtern.

Die kritisch-kommunikative Didaktik ist die jüngste der fünf didaktischen Theorien und ohne die Kritik an den vorausgegangenen Richtungen gar nicht denkbar. Sie hat sich an deren „Unvollkommenheiten" entzündet und — zusammen mit der sie konstituierenden Kritischen Erziehungswissenschaft — manches zu deren „Verbesserung" beigetragen. Insofern muß die kritisch-kommunikative Didaktik auf die anderen Theorien (wertend) eingehen, was — verständlicherweise — dort nicht nur mit Gelassenheit zur Kenntnis genommen wird. Den wohl nachhaltigsten Veränderungsprozeß haben die bildungstheoretische und die lerntheoretische Didaktik durchgemacht; und deshalb stehen sie beide in ihren heutigen Auffassungen der kritisch-kommunikativen Didaktik am nächsten. *W. Klafki*s „Didaktische Analyse" ist ja nicht nur auf sieben Leitfragen hin erweitert worden, sondern hat mit der ursprünglich darin eingewobenen Bildungstheorie geisteswissenschaftlicher Herkunft (*Weniger, Nohl, Dilthey*) kaum noch den Namen gemein. Längst ist die Basis der „Didaktischen Analyse" eine Kritische Erziehungswissenschaft geworden, so daß man sich zu Recht fragt, warum dieser neue Wein nicht auch in neue Schläuche gefüllt wird. Auch die lern/lehrtheoretische Didaktik ist durch *W. Schulz* und *G. Otto* von der einstigen neopositivistischen Wissenschaftstheorie längst abgerückt, hat also aufgehört, nur das reale Sein von Unterricht zu analysieren und statt dessen auch das Sollen thematisiert. An vielen Stellen ließe sich hier — bis in die Terminologie — eine inhaltliche Annäherung nachweisen, ohne daß die bildungstheoretische, lehrtheoretische und kommunikative Didaktik nun identisch wären. Dies kann schon deshalb nicht der Fall sein, weil Unterricht viel zu komplex, vielschichtig und auch in sich widersprüchlich ist, als daß ihn *eine* Theorie optimal erhellen könnte. Insofern versteht sich die kritisch-kommunikative Didaktik als Ergänzung, Fortführung und Korrektur der beiden klassischen didaktischen Richtungen, die sie nicht aufheben und ersetzen, wohl aber zu einem gemeinsamen Bemühen drängen möchte, Unterricht vieldimensionaler und realitätsnäher als bisher zu planen und zu analysieren. Diese Gemeinsamkeit heißt also, gerade die strukturellen Andersartigkeiten herauszustellen, Fortentwicklungen und Kurskorrekturen zwar aufmerksam zu verfolgen und u.U. aufzunehmen, Unterschiede zum Zwecke der Optimierung didaktischer Bemühungen aber klar zu benennen. Um einige vorwegzunehmen: Die „Didaktische Analyse" kann Unterricht allenfalls planen (nicht analysieren), sie ist eine immer noch weitgehend lehrerorientierte Didaktik, die zwar überaus sinnvolle und hilfreiche Leitfragen — dem Lehrer (!) — an die Hand gibt, aber z.B. den wohl wichtigsten Aspekt unterrichtlichen Geschehens bis heute nur in einer einzigen Nebenbemerkung erwähnt hat — die Tatsache nämlich, daß Unterricht vornehmlich *gestörter* Unterricht ist, dessen Legitimation abhanden zu kommen droht (Stichwort: Schulalternativen). Demgegenüber hat die lehrtheoretische Didaktik ihre Stärken vornehmlich im Prozeß des Analysierens von realem Unterricht. Didaktik aber heißt Analyse *und* Planung des Lehrens und Lernens, und da tun sich auch die von Berlin nach Hamburg gewanderten Didaktiker schwer.

Am weitesten entfernt von der kritisch-kommunikativen Didaktik sind die lernzielorientierten curricularen Strategien von *C. Möller* und die informationstheoretisch-kybernetischen Modelle *F. v. Cubes* oder *H. Franks*. Zwar ist die Praktikabilität beider didaktischer Theorien zur Genüge unter Beweis gestellt worden (welches Ausbildungsseminar bietet den Referendaren nicht die auf hektographierten Blättern säuberlich aufgelisteten Grob-, Fein- und Feinstziele an?), aber diese Brauchbarkeit ändert nichts an dem Vorwurf: beide Theorien sind expertokratisch und gänzlich ungeeignet, selbständiges Lernen in Gang zu setzen. Ihre technokratischen Ablaufschemata mögen in IBM-Fortbildungskursen ausgezeichnete Resultate gewährleisten, mit schulischem, d.h. kritischem, emanzipatorischem, kreativem Lehren und Lernen haben sie wenig bis gar nichts zu tun. Was behavioristisch ausgesprochen effektiv ist, wird im schulischen Kontext zu pädagogisch unsauberen Methoden der Verhaltenssteuerung und liegt – zumindest nach dem Eingeständnis seines Erfinders – „Beyond Freedom and Dignity" (*B. F. Skinner*, 1971; dt. 1973). Dies gilt für die lernzielorientierte Curriculumtheorie nicht in gleichem Maße wie für die informationstheoretisch-kybernetische Didaktik, von der man gerne erführe, ob sie sich eigentlich als *Schul*didaktik versteht, zumal sie eine Theorie der Schule nirgendwo erkennen läßt. Hinzu kommt, daß weder die Vertreter der einen noch die der anderen Richtung auf die seit Jahren erhobenen Vorwürfe eingegangen sind[2], so daß sie wissenschaftlich immer mehr ins Abseits gerieten und z.T. nicht mehr ernst genommen werden. Anders diejenigen Didaktiker, denen die geschlossene Curriculumreform amerikanischer Provenienz wachsendes Unbehagen bereitete und die unter angelsächsischen Stichworten wie „open curricula", „informal education", also „Offene Curricula" und „schülerorientierter Unterricht" den Auszug aus der wohl populärsten pädagogischen Fehlentwicklung der Nachkriegszeit praktizierten. Auch wenn die beiden zuletzt genannten didaktischen Theorien „Transparenz" und „demokratisierende Elemente" beanspruchen, ändert das nichts an dem Sachverhalt, daß man auch sehr „offen" und ausgesprochen „höflich" jemanden fremdbestimmen kann. Dies hängt mit deren positivistischer Wissenschaftstheorie zusammen, die das Aufstellen und rationale Begründen von Erziehungszielen schlicht für „unwissenschaftlich" erklärt und dabei die Tatsache verschweigt, daß uns nicht nur eine Gefahr der „Politik im Gewande von Wissenschaft" bedroht, sondern auch die Tendenz einer „Wissenschaft ohne Politik". Um es pointiert zu sagen:

Während die kritisch-kommunikative Didaktik der bildungstheoretischen und der lehrtheoretischen Didaktik, die gestörte, widersprüchliche und geheime Unterrichtsprozesse weitgehend ausklammern, Schulalltagsferne vor-

wirft (ohne ihnen das Etikett von „Feiertagsdidaktiken" anzuhängen), kritisiert sie an der curricularen und der kybernetisch-informationstheoretischen Didaktik die bedenkenlose Vernachlässigung kritisch-emanzipatorischer Momente sowie deren offen zu Tage tretenden Manipulierungstechniken.

5.3 Die Grundstruktur der kritisch-kommunikativen Didaktik

Jede kritische didaktische Theorie kreist um die facettenreiche Frage: *Was* soll denn wem eigentlich wie, wozu und mit welchen Hilfen gelehrt und gelernt werden? Das der Bildung dient (*Klafki*)? Das Lernen ermöglicht (*Schulz*)? Das vorgängige Ziele erreicht (*Cube, Möller*)? Je nach der hier nur vermuteten Antwort wird die zugrundeliegende Wissenschaft die Philosophie, die (Lern-)Psychologie, die Kybernetik oder die Technologie sein. Die kritisch-kommunikative Didaktik fußt auf der Kritischen Erziehungswissenschaft, wie sie von *Gamm, Mollenhauer, Schaller* u.a. konzipiert wurde. Öffentlich artikulierte sie sich 1971, als *Schäfer/Schaller* ihr Buch „Kritische Erziehungswissenschaft und kommunikative Didaktik" vorlegten, eine mittlerweile viel zitierte, häufig verkaufte und doch selten *gelesene* Schrift. Ihre schwierige Sprache hat wenig dazu beigetragen, die Grundstruktur dieser Didaktik zu erhellen. Versuchen wir es mit einer Abbildung 1 (s. nächste Seite), die kurz erläutert werden soll: Schule hat es mit einer zentralen Aufgabe zu tun, nämlich: den Grundwerten unserer Verfassung zuwiderlaufende Beobachtungen und Erfahrungen, also die Ist-Werte unserer Wirklichkeit wahrzunehmen und — soweit diese defekt sind — so in das Bewußtsein zu rücken, daß die Notwendigkeit ihrer Überführung in Sollens-Werte einsichtig wird. Dies aber kann nur in Form einer kritischen Analyse des realen Unterrichts mit Hilfe empirischer Verfahren geschehen, und zwar unter folgenden vier Aspekten: den der Vermittlungen, der Inhalte, der Beziehungen und der Störfaktizität. Unschwer erkennt man dahinter das analytische Strukturgitter der lehrtheoretischen Didaktik, auch wenn es hier z. T. anders aufgelistet und vor allem in eine andere Dynamik gestellt wird. Denn aus einer solchen kritischen Analyse erst lassen sich Planungsschritte dialektisch entwickeln, die über zahlreiche edukative, unterrichtliche und fachliche Lernziele schrittweise die Emanzipation ermöglichen wollen. Hier wären *Klafki*s Planungsfragen einzublenden, aber: Unsere Planungs*schritte* sind von der kritischen Analyse eben nicht zu trennen und dürfen Schüler, Lehrer und Eltern nicht überfordern. Je kleiner, ungeübter, uneinsichtiger usw. die Mitagierenden, desto eher sind stellvertretende Entscheidungen und behutsame Partizipationen (Teilhaben) notwendig. Sie reichen über das regressiv-komplementäre Agieren, also die Zurücknahme autoritärer Verhaltensweisen, bis hin zu den Versuchen, so viel und so oft wie möglich symmetrisches (gleichwertiges) Handeln in Schule und Erziehung herzustellen. Das klingt sehr abstrakt und ist doch eine eminent praktische Angelegenheit. Denken wir nur an den Versuch des Lehrers, I-Männchen seine stellvertretenden curricularen, methodischen und erziehlichen Entscheidungen zunächst einmal einsichtig zu machen; die Eltern schon wesentlich mehr in die

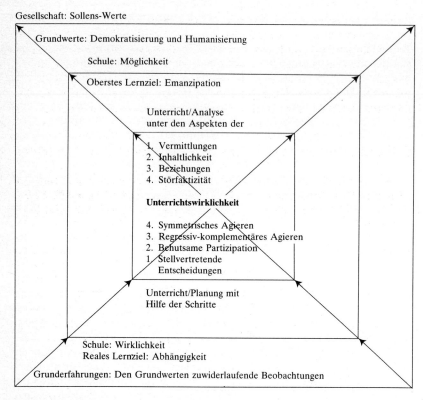

Abb. 1: Analyse- und Planungskonzept der kritisch-kommunikativen Didaktik

Mitverantwortung einzubeziehen; sich allmählich zu entautorisieren; Gruppenunterricht einzuüben usw. Eine solche Didaktik ist nicht stundenweise, sondern nur über längere Zeiträume zu konzipieren, auch wenn die einzelne Unterrichtsstunde Glied dieser langen Kette sein muß. Dies trifft sich mit den von *W. Schulz* herausgestellten vier Planungsebenen: Perspektiv-, Umriß- und Prozeßplanung sowie Planungskorrektur. Ein Beispiel: Wenn das gesamte schulische Agieren in eine mit- und selbstbestimmende Lebensführung einmünden soll, dann heißt dies u. U. konkret: eine mathematische Formel nicht verstehen oder Mängel in der Rechtschreibung aufweisen, ist genauso antiemanzipatorisch wie sich herumprügeln oder die Zensurenpeitsche schwingen, denn der Nicht-Wissende verfehlt aufgrund einsetzender Verführungen Mit- und Selbstbestimmung ebenso, wie der Sklave seiner Triebe unfrei bleibt. Das oberste schulische Lernziel auf den von *Klafki* herausgestellten vier Ebenen zu konkretisieren (allgemeine, fächerüberschreitende, bereichsspezifische, fachspezifische Ebene), scheint hier unumgänglich. Die kritisch-kommunikative Didaktik will also in Form von Strukturanalysen die Komplexität des Unterrichts *deskriptiv-empirisch* erfassen, aber nicht nur die Faktoren und Baumaterialien des Unterrichts benennen, sondern die Baugesetze und -pläne unterrichtlicher Prozesse *hermeneutisch* erschließen und *kritisch* für eine permanente Verbesserung von Unterricht einsetzen.

5.4 Unterricht im Spiegel der kritisch-kommunikativen Didaktik

Ist es das Verdienst von *Schäfer/Schaller,* die hier vorgestellte Didaktik grundgelegt zu haben, so finden wir bei *R. Biermann* (1972) und *R. Winkel* ([1]1976; [2]1980) eine systematische Analyse der unterrichtlichen Strukturen (vgl. Abb. 2).

Abb. 2: Unterricht im Spiegel der kritisch-kommunikativen Didaktik

Quasi mit Hilfe eines Scheinwerferkegels betrachten wir also die unterrichtlichen Prozesse mal unter dem Aspekt ihrer Vermittlungen, Inhalte, Beziehungen und der Störfaktizität, d. h., auch wenn vor die Lichtquelle mal diese oder jene der vier verschiedenen Glasscheiben gelegt wird, sind die drei anderen Strukturen zwar abgeblendet, aber durchaus vorhanden und folglich wirksam. Eine systematische Auflistung ergibt folgendes Raster:

1 Der *Vermittlungsaspekt,* worunter alle lehrenden und lernenden Verfahren der Sachauseinandersetzung in den Blick geraten, nämlich:
1.1 Lerngriffe und Lernakte (z.B. darbieten, antworten, Impulse geben usw.);
1.2 Medien (Lehr- und Übungsmittel);
1.3 Unterrichtsmethoden, von denen wir siebzehn kennen[3]: Einzelarbeit, Programmierte Unterweisung, Klassenarbeit, Hausarbeit (zweipolige Methoden); Großgruppenunterricht, Kleingruppenunterricht, Partnerarbeit, Simulative Verfahren wie Rollen-, Plan-, Entscheidungsspiele einerseits und Sport-, Kunst- und Lernspiele andererseits (dreipolige Methoden); Lehrerdarbietung, Schülerdarbietung, Entwickelndes Lehrgespräch, Lockeres Unterrichtsgespräch, Diskussion, Rundgespräch, Debatte, Experiment (vierpolige Methoden); sowie das Team Teaching (fünfpolige Methode), wobei die Poligkeit sich auf die Strukturen *S*chüler – *G*egenstand – *M*itschüler – *L*ehrer – *T*eamlehrer bezieht;
1.4 Unterrichtsgliederung (stufige oder kommunikative Modelle);
1.5 Unterrichtsorganisationen (innere und äußere Umstände).

2 Unter dem *Inhaltsaspekt* wird das, *was* da im Unterricht verhandelt wird, sichtbar. Zunächst auf den drei Lehrplanebenen:
2.1 Die idealen Curriculumstrategien (ideal curricula) –
2.2 Die offiziellen Curriculumstrategien (official curricula) –
2.3 Die geheimen Curriculumstrategien (hidden curricula).
Sodann kennen wir die drei Stufen der Sacherfahrung:
2.4 Die Bezugnahme –
2.5 Die Erschließung –
2.6 Die Integration.

3 Ein dritter Aspekt erhellt die *Beziehungsstrukturen.* Im Unterricht wird ja nicht nur *etwas* auf bestimmte *Weise* gelehrt und gelernt, sondern diese Prozesse vollziehen sich in ganz bestimmten Beziehungen bzw. konstituieren sie. Wir unterscheiden:
3.1 Elemente der sozialen Interaktion (z.B. personale Stellungnahmen, Anweisungen, Hilfeleistungen);
3.2 Richtungen (schüler- oder lehrergerichtete Interaktionen);
3.3 Formen (ungebundene, einseitig dirigierte oder kommunikative).

4 Und schließlich der bisher am ausführlichsten durchstrukturierte Aspekt, der den Unterricht unter *störfaktorialen* Gesichtspunkten analysiert:
4.1 Störungsarten (Disziplinstörungen, Provokationen, akustische und visuelle Störungen, Störungen aus dem Außenbereich des Unterrichts, Lernverweigerung/Passivität, neurotisch bedingte Störungen);
4.2 Störungsfestlegungen (vom Lehrer, vom Schüler oder vom Lehr- und Lernprozeß her);
4.3 Störungsrichtungen (personale Schüler – Schüler – Lehrer – Richtungen, objektive oder normative Richtungen);

4.4 Störungsfolgen (Stockung, Unterbrechung, Blockade, Verstimmung, organische oder psychisch-soziale Verletzungen, Rückwirkungen);
4.5 Störungsursachen (im gesellschaftlich — schulisch — unterrichtlichen oder im psychisch-sozialen Kontext).

Diese Auflistung ist nun keine summative Aneinanderreihung analytischer Daten, sondern das Material, mit dessen Hilfe Interdependenzen festgestellt werden können. Beispiel: Ein Lehrer, der anhand des *Brecht*'schen Gedichtes „Die Liebenden" (2.2) das ideale Lernziel anzustreben vorgibt, seinen Schülern Möglichkeiten des Liebens und Geliebtwerdens zu eröffnen (2.1), dies aber lediglich mit Hilfe einer lehrerzentrierten Darbietung unternimmt (1.3), um insgeheim die Schüler auf seine eigenen Vorstellungen von Liebe festzulegen (2.3), registriert u.U. vehemente Disziplinstörungen (4.1). Ein solcher Lehrer würde mit Hilfe einer kritischen Analyse dieses Unterrichts so viele Disharmonien und Widersprüche entdecken, daß sich von *dorther* eine stimmigere Planung geradezu aufdrängt. Denn man kann nicht mit Hilfe einseitig dirigierter Verfahren selbstreguliertes Lernen in Gang setzen und Lernengagement erwarten, wo man dies über die Methode geradezu verhindert. Über solche didaktische Analysen kommt es zu Planungsverbesserungen, ohne daß Ideologien, normative Systeme oder Willkürlichkeiten bemüht werden müßten. Die immer schon unvollkommene, aber auf Verbesserung drängende Praxis selbst ist das regulative Element.

Diese letzte Aussage mag den einen oder anderen Leser zu der Frage führen, wo denn der *Evaluationsaspekt* dieser Didaktik bleibe. Unterricht ist doch nicht nur eine Frage der Vermittlungen, der Inhalte, der Beziehungen und der Störungen, sondern auch des Beurteilens, des Erbringens und Messens von Leistungen, des Bewertens, Zensierens und Testens. Dies ist richtig und auf den ersten Blick ein Ausblenden der kritisch-kommunikativen Didaktik just an jener Stelle, an der es im Unterricht zu Schwüren kommt.

Die der hier vorgestellten Didaktik zugrundeliegende Kritische Erziehungswissenschaft kann sich mit dem Nachweis der dreifachen Reproduktionsfunktion von Schule (Qualifikation, Selektion und Legitimation) nicht begnügen. Natürlich sind der (staatlichen) Schule die Aufgaben zugewiesen worden, die nachwachsenden Generationen zur Deckung des ökonomischen, gesellschaftlichen und kulturellen Bedarfs zu qualifizieren; sie darüber hinaus in die dafür reservierten Positionen einzuweisen; und schließlich auch noch so zu erziehen, daß sie diese Funktionen für legitim erachten, das heißt möglichst „freiwillig" akzeptieren. Der bürgerlichen Schule sind diese Funktionen im Zuge eines jahrhundertelangen Kampfes um Emanzipation und Unterdrückung mittlerweile so selbstverständlich geworden, daß ihre Infragestellung an der Theorie dieser Schule rührt. Um eben jene aber kommen kritische Erziehungswissenschaft und kommunikative Didaktik nicht herum. Deshalb in Kürze die folgenden Überlegungen, die *K. Schaller* in seiner Schrift über „Leistung und Selbstverwirklichung" (1979) ausführlicher vorgetragen hat:

Wenn es in der Schule (bedauerlicherweise, aber realiter) nicht nur um die Re-Produktion von tendenziell inhumanen Auflagen geht, sondern auch (und kontrafaktisch) um die Produktion von humanen Lebensführungen in rational-demokratischen Verkehrsformen, dann wird man schulisch-unterrichtlichen Leistungen immer dann ausgesprochen skeptisch gegenüberstehen müssen, wenn sie
- erstens lediglich instrumentell begriffen werden, das heißt letztlich der von außerschulischen Mächten und Interessen geforderten Qualifikation, Selektion und Legitimation dienen –
- und zweitens in selbstsüchtiger Subjektivität die Konkurrenz-, Allmachts- und Karrierebedürfnisse von Schülern, Lehrern und Eltern befriedigen.

Diese instrumentell-subjektivistische Evaluation wird das Messen schulisch-unterrichtlicher Leistungen über (in)formelle Klassenarbeiten und die fragwürdig gewordene Zensurengebung bis hin zu einigermaßen objektiven (unpersönlichen), reliablen (zuverlässigen) und validen (treffsicheren) Tests zu effektuieren wissen – und Schule damit exakt der Gestaltungsmöglichkeiten einer gegenüber der Gegenwart humaneren Zukunft berauben. Von daher besteht überhaupt kein Anlaß, Taxonomien und Operationalisierungstechniken – quasi emanzipatorisch verpackt – in die kritisch-kommunikative Didaktik einzuschmuggeln. Hier hat sie – gemäß ihren Überlegungen – die Aufgabe, sich zu verweigern. Bedeutet dies aber, daß es in diesem didaktischen Zusammenhang bedeutungslos wird, was in der Schule geleistet und wie dies beurteilt wird? Ganz und gar nicht. „Mit engagierten Ignoranten", heißt es bei *Schaller* (1979, S. 68), „läßt sich die Welt nicht retten!" Wenn es Eltern, Lehrern und Schülern darum geht, mit Hilfe des (auch) in der Schule erworbenen Wissens und Könnens an der Verbesserung der menschlichen Zustände mitzuwirken, werden sie *diese* Leistungen sehr wohl akzeptieren und an ihrer Überprüfung interessiert sein. Dann werden Zensuren und Testverfahren nicht einfach ökonomischen und subjektivistischen Interessen ausgeliefert, sondern es werden Klassenarbeiten geschrieben, weil man sonst als Lehrer z.B. seine Demission riskiert; es wird, möglichst angstfrei (vgl. *R. Winkel* [1]1979; [2]1980), zensiert und getestet, weil man sonst Schülern Schaden zufügt; und es werden solche Werte einer pädagogischen „Evaluation" zugänglich gemacht, die bes. der Diagnose von laufenden und der Beratung zukünftiger Lernprozesse dienen. Eine solche „Evaluation" wird den Lern- und Erziehungsprozeß immer wieder kritisch reflektieren, das heißt zur Metakommunikation ermuntern und anleiten. „Nicht nur der Schüler, sondern auch der Lehrer; nicht nur Erlerntes, sondern das Lernen stehen zur Rede. Nicht nur die Inhalte des Unterrichts, sondern die Beziehungen zwischen den Schülern sowie zwischen Schüler und Lehrer und darüber hinaus zwischen Schule und Gesellschaft – ja die gesellschaftlichen Verkehrsweisen selbst – kommen in den Blick" (*K. Schaller,* 1979, S. 64). *Dazu* aber sind keine Zensuren und Testverfahren notwendig, sondern rationale Diskurse – übrigens auch über Zensuren und Testverfahren, die aber, so gesehen, den Sinn bekommen könnten, die Beiträge der Diskutierenden über „Leisten *wozu*?" und „Beurteilen *warum*?" ein wenig „objektiver", „reliabler" und „valider" zu gestalten.

5.5 Wie plant man Unterricht kritisch-kommunikativ?

Bisher hat sich die kritisch-kommunikative Didaktik gescheut, auch nur in Ansätzen so etwas vorzulegen, was man einen „Unterrichtsentwurf" nennt. Verständlich: ihre Offenheit sträubt sich gegen jede Rubrizierung. Unverständlich: Wenn man an diejenigen denkt, die das Unterrichten lernen wollen. Halten wir uns an das Unverständliche, nicht ohne jedoch ausdrücklich darauf hinzuweisen, daß dieses „Schema" wie alle Vereinfachungen als Matrize mißbraucht werden kann (aber nicht soll) und es sich um eine *mögliche* Planungsform handelt, die verbesserungswürdig ist.

Hilfreich ist dabei der von *E. Meyer* ([16] 1973) entfaltete Dreierschritt unterrichtlicher Planungen, der sowohl ganze Unterrichtseinheiten als auch einzelne Stunden in der obigen Form rhythmisiert und bestimmte Lerndaten so arrangiert, daß intendierte Lösungssituationen unter bestimmten Vermittlungshilfen erreichbar werden.

Wichtig wären hier fünf Hinweise. *Erstens:* Unterricht läßt sich dreifach rhythmisieren (Arrangement – Vermittlungshilfen – Lösungssituationen). *Zweitens:* Jede Unterrichtsstunde ist Glied einer Kette von Lehr- und Lernprozessen, wobei die einzelnen Planungsschritte flexibel sind und alternativer Überlegungen bedürfen. *Drittens:* Ziele tauchen einmal allgemein, aber auch fächerübergreifend und fachspezifisch auf. *Viertens:* Die einzelnen Lösungssituationen innerhalb der Unterrichtsstunde sind auf drei Arten von Zielen bezogen: geschlossene Ziele sind solche, über die hinweg erst neue Lösungssituationen möglich werden (2 + 3 ist nun mal 5, auch wenn darüber gestritten werden darf); halb offene Ziele sind durchaus kontrovers, fraglich oder nur unter Umständen zu erreichen (Angst ist eben nicht nur gesellschaftlich verursacht); und offene Ziele können und sollen überhaupt nicht vorweg so eingegeben werden, daß ihr Erreichen prompt gewährleistet wird (zur freiwilligen Gruppenarbeit kann man nicht kommandieren). *Fünftens* schließlich: Planung und Analyse von Unterricht stehen in einem dialektischen Verhältnis zueinander und bilden gemeinsam durch Realisation einen zirkulären Fortführungsprozeß. Denn nur die kritische Analyse des *realen* Unterrichts liefert eine bessere Planung *möglichen* Unterrichts, der – unvollkommen realisiert – wiederum eine (diesmal auf höherer Ebene angesiedelte) kritische Analyse gestattet usw.

Wer darüber hinaus an der Planung und Analyse von schülerorientiertem Unterricht interessiert ist, sei an entsprechende Publikationen (z.B. von *H. Roth/A. Blumenthal*, 1980 und *U. Vohland*, 1980) verwiesen.

Planung des Unterrichts

Unterrichtsentwurf „Angst bei Schülern" (6. Schuljahr; Gemeinschaftskunde; Datum:)
Allgemeines Ziel: Abbau von Ängsten; fachspezifisches Ziel: Erkennen einiger Angstursachen; fächerübergreifendes Ziel: Analyse des Zusammenlebens

Zeit	Arrangement	Vermittlungshilfe	Lösungssituation/Ziel	Kommentar
1.– 5.	1. Begrüßung und Themenstellung	1. Freundliche Zuwendung; evtl. andere Äußerungswünsche zulassen und überleiten	1. Thema ist bekannt/ (geschlossen)	1. *Kontakiierung*: wegen des Fußballspiels mit anderen Interessen rechnen („Die Angst des Tormanns beim Elfmeter")
5.–10.	2. Vorlesen eines Schüleraufsatzes „Als ich einmal Angst hatte"	2. Bild eines ängstlichen Schülers	2. Sinnverständnis geweckt/ (geschlossen)	2. *Darbietung*: Auf präverbale Reaktionen achten
10.–20.	3. Überleitung zur Gruppenarbeit	3. Drei schriftliche Leitfragen	3. Zur Gruppenarbeit motiviert/ (offen)	3. *Motivation*: Bei C. und L. mit Lehrerfixierungen rechnen; U. evtl. stillarbeiten lassen
20.–35.	4. Gruppenarbeit	4. Mentorenhafte Betreuung	4. Stichworte zum Arbeitsauftrag sammeln/ (halb offen)	4. *Erarbeitung*: Arbeitsgleiches Verfahren
35.–45.	5. Diskussion	5. D. übernimmt die Gesprächsleitung	5. Austausch der Ergebnisse (halb offen)	5. *Sicherung*: Ursachen an die Tafel und in die Hefte schreiben (lassen)

Es folgen die Schritte: Arbeitsteilige Gruppenarbeit   : Vermittlungsaspekt
                      Weitere Angstursachen und Angstbewältigungsmöglichkeiten   : Inhaltsaspekt
                      Gegenseitige Hilfeleistungen   : Beziehungsaspekt
                      Gespräch mit Kollegen H. wegen U.'s Störverhalten   : Störfaktorialer Aspekt

Analyse des Unterrichts

Analyse- und Planungskorrekturen

Planungs- und Analysekorrekturen

5.6 Schlußgedanken

Ein paar abschließende Bemerkungen zum Schluß:
1. Die kritisch-kommunikative Didaktik als Analyse und Planung von unterrichtlichen Lehr- und Lernprozessen steht nicht in polemischer Frontstellung gegenüber den anderen vier didaktischen Theorien, sondern möchte deren Einseitigkeiten und Verkürzungen zum Anlaß nehmen, mit dieser neuen Theorie die sicherlich allemal komplexere Praxis schulischen Wirkens adäquater zu verstehen.

2. Nicht bildungstheoretische *oder* lehrtheoretische, informationstheoretische *oder* curriculare Didaktik lautet von daher die Frage, sondern: an welchen Stellen des didaktischen Handelns sind *Klafki*s Analysefragen unumgänglich? Die *Schulz*'schen Raster hilfreich? Lernzielsequenzierungen und -operationalisierungen legitim? Regelungsmodelle effektiv?

3. So ist durchaus denkbar, daß Lehrer die Auswahl einer — sagen wir — *Böll*'schen Kurzgeschichte mit Hilfe der „Didaktischen Analyse" legitimieren und methodisch-didaktisch durchdringen; sich von *Schulz* bei der Konzipierung einer geschichtlichen Unterrichtseinheit durch die Perspektiv-, Umriß- und Prozeßplanung leiten lassen; einen physikalischen Sachverhalt so zusammenstellen, daß in- und output effektiv sind; oder ein Rechtschreibprogramm durchaus lernzieloperationalisiert präparieren — *wenn* die Schüler die aims und objectives, also die zugrundeliegenden Erziehungs- und Lernziele hier und heute akzeptieren, ihre Rechtschreibleistungen also in möglichst kurzer Zeit und auf erfolgversprechenden Wegen tatsächlich verbessern wollen.

4. Diese strukturelle Bezogenheit nimmt der kritisch-kommunikativen Didaktik nichts von ihrer Eigenständigkeit und Andersartigkeit:
● Sie ist die erste und bisher einzige Didaktik, die das Analyse-Planungs-Problem so miteinander verschränkt, daß Normen „von außerhalb" überflüssig werden und statt dessen die Planung aus der Analyse erwächst und diese wiederum eine bessere Planung ermöglicht —
● Sie hat ein Gesamtraster unterrichtlicher Wirklichkeit vorgelegt, das die vierfache Aspektierung des Unterrichts nicht nebeneinander, sondern ineinandergreifend entwirft —
● Sie beläßt dem Lehrer zwar seine je spezifische Zuständigkeit und Verantwortlichkeit unterrichtlicher Planung und Analyse, ist aber über die Schrittfolge der stellvertretenden Entscheidungen, der behutsamen Partizipationen, des regressiv-komplementären und des symmetrischen Agierens eine schülerorientierte Didaktik, wobei die ganze Klassengruppe (Lehrer und Schüler) als potentiell gleichberechtigte (wenn auch unterschiedlich kompetente) Teilnehmer am unterrichtlichen Kommunikationsprozeß fungieren —

- Sie hat die prinzipielle Störanfälligkeit jedweden Unterrichts in das Zentrum der Analyse und Planung gerückt und dürfte damit der Alltagswirklichkeit näher kommen als die in schulfernen Zulieferungsbetrieben perfekt geschnürten Curriculumpakete —
- Sie verteufelt schulisch-unterrichtliche Leistungen nicht einfach, erteilt andererseits aber der instrumentell-subjektivistischen Evaluation im Zuge einer kritischen Schultheorie eine harte Absage, um Lernleistungen auf die Verbesserung der menschlichen Zustände zu beziehen —
- Und schließlich bezieht sich die kritisch-kommunikative Didaktik expressis verbis auf eine kritische Schul- und Erziehungstheorie, begreift Lehren und Lernen also als solidarische Akte menschlicher Emanzipation, d.h. als Befreiung aus Un- und Falschwissen, inhumanen Lebensführungen usw., mit dem Ziel einer permanenten Demokratisierung und Humanisierung der gesellschaftlichen Praxis — auch und gerade in der Schule.

5. Mit Hilfe des hier nur skizzierten Analyse- und Planungsrasters lassen sich unterrichtliche Prozesse anders und praxisbezogener strukturieren. Wenn z.B. eine Vierergruppe von Studierenden zusammen mit einem Hochschullehrer Unterricht teilnehmend beobachtet und diese Arbeit so verteilt wird, daß der eine Student den realen Unterrichtsprozeß mit Hilfe der obigen Auflistung unter dem Vermittlungs-, der zweite unter dem Inhalts-, der dritte unter dem Beziehungs- und der vierte unter dem störfaktorialen Aspekt auf einer einfachen Matrix registriert, ergeben sich Unterrichtspartituren, die eine Fülle von Stimmigkeiten, Disharmonien oder Brüchen sichtbar machen, denen mehr Objektivität und damit überzeugende Planungskorrekturen anhaften als der recht willkürlichen Bewertung herkömmlicher Unterrichtsbeobachtungen hochschuldidaktischer oder seminaristischer Provenienz. Gerade diesbezüglich steht die kommunikative Didaktik noch ganz am Anfang einer vielversprechenden Forschung.

So gesehen zeigt sich die kritisch-kommunikative Didaktik zwar als ein nicht ganz leichtes Analysieren und Planen von Unterricht. Aber — sind Lehren und Lernen je leicht gewesen?

5.7 Anmerkungen

[1] Vgl. dazu: *P. Watzlawick* u.a. (^{4}1974, S. 50 ff.), wo fünf Axiome erläutert werden; und *D. Baacke* (1973, S. 98 ff.), der alle elf Grundeigenschaften menschlicher Kommunikation beschreibt. Eine geraffte Darstellung findet sich bei *R. Winkel* (^{1}1977, S. 250 ff.; ^{2}1980, S. 223 ff.).

[2] Vgl. die radikale Kritik an den technokratischen Varianten der Curriculumreform von *D. Warwick/R. Winkel* (1975).

[3] Vgl. *R. Winkel* (1978) sowie das Forum über Unterrichtsmethoden in der Zeitschrift *Westermanns Pädagogische Beiträge*, 33. Jg., Heft 1—7/1981.

5.8 Literatur

Baacke, Dieter: Kommunikation und Kompetenz. Juventa: München 1973.
Baacke, Dieter: Vom Nutzen und Nachteil der „kommunikativen Didaktik" für die Planung und Durchführung von Unterricht. Pädagogisches Institut Düsseldorf: 1978.
Biermann, Rudolf: Unterricht. Neue Deutsche Schule: Essen 1972; [3]1976.
Born, Wolfgang/Otto, Gunter (Hrsg.): Didaktische Trends. Urban & Schwarzenberg: München 1978.
Gamm, Hans-Jochen: Allgemeine Pädagogik. Rowohlt: Reinbek 1979.
Jourdan, Manfred: Kommunikative Erziehungswissenschaft kritisch gesehen. Klinkhardt: Bad Heilbrunn 1976.
Meyer, Ernst: Unterrichtsvorbereitung in Beispielen. Kamp: Bochum [16]1973.
Mollenhauer, Klaus: Erziehung und Emanzipation. Juventa: München [2]1969.
Popp, Walter (Hrsg.): Kommunikative Didaktik. Beltz: Weinheim 1976.
Roth, Heinrich/Blumenthal, Alfred (Hrsg.): Die Schulreform muß weitergehen! In: Auswahl Reihe A. Bd. 18. Schroedel: Hannover 1980.
Schäfer, Karl-Hermann/Schaller, Klaus: Kritische Erziehungswissenschaft und kommunikative Didaktik. Quelle & Meyer: Heidelberg [1]1971; [3]1976.
Schaller, Klaus: Einführung in die Kommunikative Pädagogik. Herder: Freiburg 1978.
Schaller, Klaus: Leistung und Selbstverwirklichung. Neue Deutsche Schule: Essen 1979.
Skinner, Burrhus F.: Beyond Freedom and Dignity. Knopf: New York 1971; dt.: Jenseits von Freiheit und Würde. Rowohlt: Hamburg 1973.
Vohland, Ulrich: Offenes Curriculum – Schülerzentrierter Unterricht. Kamp: Bochum 1980.
Warwick, David/Winkel, Rainer (Hrsg.): Alternativen zur Curriculumreform. Quelle & Meyer: Heidelberg 1975.
Watzlawick, Paul u.a.: Menschliche Kommunikation. Huber: Stuttgart [1]1969; [4]1974.
Winkel, Rainer: Der gestörte Unterricht. Kamp: Bochum [1]1976; [2]1980.
Winkel, Rainer: Pädagogische Psychiatrie für Eltern, Lehrer und Erzieher. List: München [1]1977; Fischer Taschenbuch: Frankfurt [2]1980.
Winkel, Rainer: Zur Theorie und Praxis der Unterrichtsmethoden. In: Die Deutsche Schule, 70 (11/1978), S. 669–683.
Winkel, Rainer: Angst in der Schule. Neue Deutsche Schule: Essen [1]1979; [2]1980.

Herwig Blankertz, Dr. phil., Jg. 1927,
ist o. Professor für Pädagogik und Philosophie
an der Universität Münster.

Anschrift:
Potstiege 48
4400 Münster

Wichtige Publikationen

Arbeitslehre in der Hauptschule. Neue Deutsche Schule, Essen, ²1968.
Bildung im Zeitalter der großen Industrie. Schroedel, Hannover, 1969.
Theorien und Modelle der Didaktik. Juventa, München, ¹⁰1977.
Herwig Blankertz ist Mitherausgeber der Zeitschrift für Pädagogik.

6 Abschlußdiskussion

In den voraufgegangenen Kapiteln wurden fünf didaktische Theorien vorgestellt. Für die Leser, die sich als Student, Referendar, Lehrer, Seminarleiter oder Hochschullehrer mit Didaktik beschäftigen müssen, sicher eine zeitsparende Möglichkeit, sich die Grundzüge bzw. den neuesten Stand der unterschiedlichen Didaktiken zu erarbeiten.

Für die, die 28 Stunden unterrichten und oft über 50 Stunden in der Woche arbeiten, ist diese Lektüre sicher ein „hartes Brot". Und vielleicht wurde der Versuch, den neuesten Stand der jeweiligen Didaktik zu verstehen, schon bald von einem mahnenden Lehrergewissen unterbrochen, das Ihnen zuflüsterte: „Der Unterricht für morgen ist noch nicht vorbereitet und die Arbeit wolltest Du auch schon letzte Woche zurückgeben". Und es fiel Ihnen wieder einmal auf, daß „die da oben" so wenig sagen für „uns hier unten". Oder war es anders? War vielleicht doch ein Hinweis, eine Anregung zu finden oder vielleicht nur eine Bestätigung, ein Wiedererkennen täglicher Praxis in theoretischen Kategorien? Auch das sortiert ja mitunter die Gedanken und macht etwas Mut.

WPB hatte die Autoren des Didaktischen Forums eingeladen, miteinander zu diskutieren und gleichzeitig drei Lehrer dazugebeten, um den Wissenschaftlern das Gespräch nicht allzu leicht zu machen.

Teilnehmer der Diskussionsrunde waren die Autoren der vorangegangenen Beiträge: *Wolfgang Klafki, Wolfgang Schulz, Felix von Cube, Christine Möller, Rainer Winkel* und die Lehrer: *Hedwig Tücking* (Gymnasium), *Bernd Weingärtner* (Hauptschule) und *Gösta Thoma* (integrierte Sekundarstufe II).

Herwig Blankertz, seit 1969 bekannt als Autor von „Theorien und Modelle der Didaktik", leitete das Gespräch. Drei Stunden wurde diskutiert, gestritten und gelernt. Würde all das gedruckt, was in dieser Runde gesagt wurde, müßte ein ganzes Buch dafür zur Verfügung stehen. *Johannes Bastian* hat deshalb die Phasen der Diskussion zusammengestellt, in denen, angeregt durch die kritischen Fragen der Praktiker, die unterschiedlichen Positionen der Didaktiker deutlich werden. Daß dabei ganze Gesprächspassagen und auch manch interessante Replik auf einen Vorwurf weggelassen werden mußten, ja auch alle präverbalen Signale der Disputierenden (die den einen Beitrag bekräftigten, einen anderen abschwächten) nicht gedruckt werden können, sollte der Leser bei der Lektüre der folgenden Diskussion durchaus bedenken.

Blankertz:
Wenn ich heute über Didaktik rede, hört sich das anders an als vor 10 Jahren. Ich möchte deshalb drei Sätze sagen, die sich direkt auf die hier Anwesenden beziehen: 1. meine Kritik, die ich in der 1. Auflage meines Buches von 1969 an *Bernhard und Christine Möller* geübt habe, war stark überzogen. Ich habe sie bei der Überarbeitung der 9. Auflage herausgenommen. Ich danke Frau *Möller* für ihre kollegiale Einstellung, daß sie heute erschienen ist zu einem Gespräch, das ich leite. 2. Von *Wolfgang Klafki* und *Wolfgang Schulz* rede ich heute noch genauso gerne und viel wie vor 15 Jahren, wenn auch anders und anderes. 3. Von *Felix von Cube* würde ich noch immer gerne reden; denn wenn wir auch überhaupt nicht übereinstimmen in den wissenschaftstheoretischen Grundlagen, so ist die informationstheoretische Didaktik für mich doch immer ungemein faszinierend gewesen. Aber wenn ich richtig sehe, ist die Programmatik dieser Didaktik nicht eingelöst worden. Ich habe die Praxisbedeutung der kybernetisch-informationstheoretischen Didaktik vor zehn Jahren sehr überschätzt. Aber wenn das auch ein Irrtum ist, lasse ich mich gerne belehren.

Schulz:
Ich möchte auch eine kleine Vorbemerkung machen. Sie bezieht sich auf das vorangegangene „Didaktische Forum" in WPB und dabei insbesondere auf den Beitrag des Kollegen *Winkel*. Ich würde diesen Beitrag gerne zum Ausgangspunkt der Diskussion machen, und zwar aus drei Gründen: 1. Er ist der, der als letzter erschienen ist. 2. Er nimmt auf alle vorangegangenen Beiträge Bezug und – wenn ich mir erlauben darf – er hat sie ja auch ein bißchen zensiert. Ich würde meinen, daß jeder derjenigen, die davor geschrieben haben, ein gewisses Interesse daran haben müßte, das, was in diesem kritischen Beitrag gesagt worden ist, aus seiner Sicht darzustellen.

Thoma:
Auch eine ganz kurze Anmerkung zum „Didaktischen Forum". Wenn so etwas wie „die fünf didaktischen Positionen" gesagt wird, so scheint mir das ohne Begründung ein bißchen scharf von anderen vorhandenen Ansätzen abgegrenzt. Schon bei flüchtigem Nachdenken fällt mir zumindest ein sechster ein; ich denke dabei an die Arbeiten von *König/Riedel*.

Schulz:
Noch ein Satz dazu: In diesem Zusammenhang müßte man mit noch mehr Recht auch die marxistischen Positionen nennen, die bundesrepublikanischen und die aus der DDR. Beide werden doch in den Hochschulen unseres Landes diskutiert.

v. Cube:
Nachdem ich alle Beiträge gelesen habe, habe ich festgestellt, daß doch bei allen Beiträgen eine Gemeinsamkeit festzustellen ist. Ich habe z.B. in allen Beiträgen festgestellt, daß irgendwo *Ziele* angegeben sind und daß sich so etwas — ich nenne es *Strategie* — dazu auffinden läßt. Ich darf vielleicht ganz kurz zitieren: Bei Herrn *Schulz* werden die Ziele „Mitbestimmung", „Autonomie", „Solidarität", „Emanzipation" genannt. Bei Herrn *Klafki* finden sich ebenfalls Ziele wie „Emanzipation", „Selbstbestimmung", „Mitbestimmung", „Solidarität", „Fähigkeit, begründet Ziele zu setzen" usw. Bei Herrn *Winkel* finden sich Ziele wie „Demokratisierung", „Humanisierung", „Emanzipation", „Verbesserung" — was das auch immer sein mag. Bei allen sind zu diesen Zielen — zumindest in Ansätzen — *Strategien* vorhanden. Bei *Schulz* z.B.: „Teilnahme der Schüler an der Planung". Bei Herrn *Klafki*, wenn er vom „entdeckenden Lernen" spricht. Darf ich davon ausgehen, daß es bei Erziehung um ein *zielorientiertes* Handeln geht, wobei demzufolge natürlich *strategisch* vorgegangen werden muß. Darf ich davon ausgehen, daß das ein Konsens ist?

Klafki:
Unter Konsens pflegt man ja üblicherweise irgendeine *inhaltliche* Gemeinsamkeit zu verstehen. Das, was Sie bisher genannt haben, scheinen mir zunächst nur Strukturen oder Gesichtspunkte zu sein, unter denen man die unterschiedlichen Positionen diskutieren kann, und ich vermute, daß wir, wenn wir es tun, eher ihre Unterschiedlichkeit feststellen werden.

Schulz:
Die Frage nach der Konsensfähigkeit der Positionen möchte ich gerne um drei Fragen erweitern: 1. Haben wir einen Konsens in dem, was wir pädagogisches oder didaktisches oder Erziehungshandeln nennen? Ist das ein anderes Handeln, als wenn ich handele, um ein Haus zu bauen oder niederzureißen? 2. Haben wir einen Konsens in der Einschätzung der Bedeutung der Institution? Ich habe den Eindruck, als ob einige Kollegen explizit auf die Bedeutung der institutionellen Vorgaben einer Gesellschaft eingehen, während andere das mit Zurückhaltung behandeln. 3. Welche Rolle hat außer dem Lehrer der Schüler oder sein gesetzlicher Vertreter? Auch hierzu sagen nur die einen etwas, die anderen nicht.

Weingärtner:
Einstweilen haben die, die einen Beitrag geschrieben haben, Vorschläge gemacht, worüber sie meinen, daß diskutiert werden sollte. Ich finde es unbedingt notwendig, daß jetzt die Kollegen, die in der Schule arbeiten, auch sagen, was sie gerne angesprochen sehen wollen.

Tücking:
Ich möchte dazu sagen, daß wir hier nicht nur Gemeinsamkeiten und Unterschiede herausarbeiten sollten. Wir sollten auf jeden Fall gesondert die Praxisrelevanz der Ansätze überprüfen. Wir sollten fragen, was die Modelle für uns Lehrer leisten, inwiefern wir mit ihnen Unterricht planen können.

Thoma:
Ich bin mit den bisher angesprochenen Punkten sehr zufrieden. Mich würde noch interessieren, wie der in den Beiträgen von *Klafki* und *Schulz* angedeutete Bezug zur Fachdidaktik konkretisiert werden kann.

Weingärtner:
Mich würde besonders interessieren, welche Rolle die Schüler in diesen Modellen spielen. Wieweit die Schüler — so wie sie sich mir täglich zeigen — in diese Modelle integrierbar sind.

Winkel:
Vielleicht darf ich einfach mal mit einer etwas provozierenden Feststellung beginnen: Mir fällt auf, daß der normale, durchschnittliche Lehrer sich mit uns eigentlich gar nicht beschäftigt. Er beschäftigt sich mit Didaktik bis zur Zweiten Prüfung, benutzt das eine oder andere Modell als Schema, um einen Unterrichtsentwurf zu machen, aber ich kenne keinen Praktiker, der sich nach der Zweiten Prüfung mit uns in irgendeiner Form auseinandersetzt. Das muß doch Gründe haben. Selbst wenn man sich deutsche Hochschulprofessoren anschaut, die eine Zeitlang in die Schule gegangen sind, wie z.B. *Job-Günter Klink.* Auch er hat sich in der Klasse H 7 e nicht *einmal* mit irgendeiner Form didaktischer Analyse und Planung beschäftigt, weil ihn die Realität der Schule dermaßen erschlug, daß er gar nicht zu dem kam, was wir hier so klug als überaus wichtige und praxisbedeutsame Punkte aufgestellt haben.

v. Cube:
Das stimmt ja gar nicht! Das ist also absolut nicht wahr!

Winkel:
Also dann haben Sie in Heidelberg vielleicht bessere Verhältnisse. Wenn ich in eine Schule komme und frage die Kollegen, ob sie irgendeinen Entwurf gemacht haben oder zu Hause ihren Unterricht regelmäßig analysieren, sich hier und da *Klafki*s Analysefragen stellen, dann finde ich wenige Ausnahmen. In der Regel klebt man am Schulbuch, am Lehrplan oder aber — man ist in der Zweiten Phase. Dann wird unter dem Druck der Ausbildungs-

reglements in der Tat eine der hier vorgestellten fünf didaktischen Richtungen als Folie benutzt, um Unterricht zu planen.

Klafki:
Ich möchte die Frage von Herrn *Winkel* ein bißchen differenzieren. Man muß, glaube ich, einen Unterschied machen zwischen einer expliziten Beschäftigung mit didaktischen Modellen und der täglichen Reflexion des Unterrichts nach didaktischen Gesichtspunkten. Wenn unsere Entwürfe relativ wenig bei fertigen Praktikern verwendet werden, dann gibt es dafür zwei Erklärungsmöglichkeiten: Entweder sie sind tatsächlich unter den gegebenen Bedingungen nicht sehr brauchbar. Das braucht nun nicht unbedingt gegen die Theorie zu sprechen, das kann auch gegen die Bedingungen sprechen. Es kann aber auch so sein, daß ihr Nutzwert sozusagen in das Bewußtsein der Praktiker übergegangen ist. Sie sagen dann nicht mehr: Das ist die Medienfrage nach *Schulz*, sondern können ohne eine dauernde explizite Zuordnung anwenden, was sie einmal gelernt haben. Ich behaupte damit nicht, daß das so ist. Ich meine nur, daß man diese Unterscheidung in die Frage einbringen müßte.

v. Cube:
Ja, ich hatte eben gesagt, daß es nicht stimmt, Herr *Winkel*. Ich korrigiere mich ein bißchen. Sie mögen ziemlich recht haben, was Schule anbetrifft. Auf der anderen Seite habe ich gerade in den letzten Jahren sehr fruchtbaren Kontakt mit der betrieblichen Ausbildung. Sie haben mich da in Ihrem Aufsatz ein bißchen glossiert mit IBM. Das stimmt nicht ganz, ich habe jetzt sehr viel bei der BASF und bei der Bundeswehr zu tun. Da muß ich mit Freude feststellen, daß die dort arbeitenden Ausbilder in erfreulichem Maße von den Ergebnissen der Strategieforschung, also der Frage, wie strukturiere ich den Lehrstoff, wie visualisiere ich durch Medien usw., Gebrauch machen.

Schulz:
Ich möchte auch kurz zu diesem Punkt etwas sagen, den Herr *Winkel* aufgeworfen hat. Warum wird man denn eigentlich regelmäßig zu Veranstaltungen in der Lehrerweiterbildung eingeladen? Es gibt an Stellen, die überhaupt keinen direkten Kontakt mehr mit den Universitäten haben, die aber täglich unter Handlungsdruck stehen, sehr viel Leute, die wissen wollen, wie es eigentlich weitergegangen ist, was zu einem Modell hinzugekommen ist und was ich zu den neueren Entwicklungen sage. Trotzdem bleibt natürlich, und das haben Sie, Herr *Winkel*, mit Recht gesagt, daß wir alle wissen, daß der Kontakt zwischen Theorie und Praxis hier ein wesentlich engerer sein könnte. Auch wenn einige der vorliegenden Theorien einen problematischen Praxisbezug haben, ist es nicht so sehr ein Mangel der Konzepte, sondern mehr ein Mangel einer Ausbildung, die es

nicht ermöglicht, Studenten Theorie so zu vermitteln, daß sie später danach handeln können.

Weingärtner:
Ich bin seit 1963 in der Schule und habe in dieser Zeit häufiger das Bedürfnis gehabt, mich mit didaktischer Theorie intensiver zu beschäftigen. Dasselbe kann ich auch von etlichen Kollegen sagen, die ich kenne. Doch manchmal geht einem die Luft weg, über die normale Arbeit hinaus diese Dinge noch intensiv zu betreiben — warum? Weil es häufig in der Schule ganz andere Probleme als didaktische Probleme gibt. Ganz andere Probleme heißt: viel vordergründigere, aber manchmal auch viel nebensächlichere Probleme. Das ist das Problem, unter dem wir leiden.

Winkel:
Das ist ja meine These! Ich stimme Herrn *Klafki* zwar darin zu, daß Lehrer einiges verinnerlicht haben, was dann in den späten Abendstunden eine Unterrichtsvorbereitung inhaltlich strukturiert oder ihnen eine gewisse Legitimation verschafft, es so und nicht anders zu machen. Aber meine These war doch, daß die Schule an solchen Strukturbedingungen leidet, daß die traditionellen Didaktiken eigentlich nur zu einem geringen Teil die Probleme einfangen, die uns in der Schule überwältigen. Lehrertagebücher und jede halbwegs kritische Hospitation bestätigt doch, daß wir strukturelle Bedingungen in den Schulen haben, die nur zum geringen Teil mit den didaktischen Fragen und Analysen einzufangen sind, um die wir uns seit 10 oder 20 Jahren bemühen.

Schulz:
Ich habe durchaus Lust, über die Bedeutung des Institutionellen zu reden, und ich würde für mich in Anspruch nehmen, daß ich in sehr ernsthafter Weise, sowohl in meinem kurzen Aufsatz als auch in meinem neuen Unterrichtsplanungs-Buch als auch schon früher auf dieses Problem eingegangen bin. Ich würde Ihnen, Herr *Winkel*, allerdings den Vorwurf machen, daß Sie es gar nicht tun. Wenn Sie nämlich hier sagen, der institutionelle Druck ist entscheidend, dann verstehe ich gar nicht, daß Sie in Ihrer Theorie diesen institutionellen Druck gar nicht thematisieren. Ich halte es für einen Mangel Ihrer Theorie, daß Sie einfach nur einen Rahmen um Ihr Modell zeichnen, den Sie nicht weiter besprechen, und dann sagen, es komme letztlich einfach nur auf die Kommunikation an, deren Determiniertheit durch den Außendruck Sie kritisch gar nicht reflektieren.

Winkel:
Wo habe ich das denn je behauptet?

Thoma:
Ich habe die Erfahrung gemacht, daß in der Schule sehr stark nach Anhaltspunkten gesucht wird und man läßt auch, wenn die finanziellen Mittel da sind, Leute kommen und versucht Hilfestellung zu bekommen. Wenn ich dann aber ein Konzept vorgestellt bekomme, das mir den Eindruck vermittelt, meine Tätigkeit in der Schule sei reduziert auf die Funktion eines Reglers, dann kann ich mich in diesem Konzept nicht wiederfinden. Oder wenn ich ein Konzept habe, das mir sagt: Sammle bitte mal die Lernziele, die es überhaupt zu dem Thema gibt, auch wenn Du vielleicht nicht alle Quellen so auswerten kannst, aber mach es mal so umfangreich wie möglich. Dann operationalisiere mal so gut wie möglich und bemühe Dich mal, die Lernziele nach Dimensionen zu ordnen und zu hierarchisieren. Das ist dann längst nicht mehr mein Problem. Die ganze Woche ist schon vorbei, und ich muß tatsächlich morgen früh unterrichten. Da mache ich das dann lieber so, wie es mir gerade im Gespräch mit ein paar Kollegen einfällt.

Winkel:
Jetzt beginnt es für mich interessant zu werden, denn das ist es, was ich mit institutionellen Bedingungen meine. Ich würde vehement dafür plädieren, daß man den Lehrern jetzt Gelegenheit gibt, die Fragestellung weiter zu diskutieren: Was kann ich − als Lehrender − eigentlich mit den verschiedenen Entwürfen konkret anfangen?

v. Cube:
Es ist nun die Frage, ob es korrigiert werden muß, wenn effektiv etwas Falsches gesagt wird. Wenn Herr *Thoma* sagt, daß ich den Lehrer auf die Funktion eines Reglers beschränkt habe, so ist das falsch und ich muß ihm den Vorwurf machen, daß er nicht richtig gelesen hat. Ich habe immer ausdrücklich gesagt, daß das Regelkreisschema ein Funktionsschema und kein Personenschema ist. D.h., daß der Lehrer, sofern er über Entscheidungsfreiheit verfügt, bei der Funktion der Zielsetzung gefordert ist. Aber in dem Augenblick, wo ich jetzt ein Ziel habe, da wechsele ich die Funktion zum Regler, indem ich versuche, dieses Ziel zu erreichen. Also, ich korrigiere Ihre Ausführung dahin, jedenfalls was mein Modell betrifft, daß ich an keiner Stelle behauptet habe, daß der Lehrer auf die Regler-Funktion beschränkt ist.

Tücking:
Ich bin auch so rangegangen, daß ich mir die einzelnen Beiträge daraufhin angesehen habe, welche Hilfen sie mir für die Planung meines Unterrichts geben. Ich habe dabei festgestellt, daß in dem Ansatz von Herrn *Klafki* sehr wichtige Kriterien enthalten sind, die durchaus die Probleme der Lehrer treffen. Leider bleibt das aber für den Lehrer zu allgemein. Z.B. das Kriterium „Gegenwartsbedeutung". Das ist sicherlich ein sehr wichtiges Kriterium. Aber prüfen die meisten Lehrer nicht sowieso schon das Thema

daraufhin, ob es eine Relevanz für die Schüler hat, auch ohne irgendeinen der Ansätze gelesen zu haben. Müßte nicht vielmehr gesagt werden, an welchen Kriterien oder Bedingungen z.B. „Gegenwartsbedeutung" festzumachen ist, statt einfach eine solche Selbstverständlichkeit nur zu nennen.

Möller:
Ein Einwand war, daß diese Modelle, die hier dargestellt werden, zu zeitaufwendig sind. Der zweite Einwand war der, daß diese Theorien zu allgemein sind, daß sie für mich nicht direkt handlungsrelevant werden, wenn ich tagsvorher dasitze und meinen Unterricht plane. Diese beiden Einwände zeigen deutlich, was auch mir an Gedanken und Gefühlen beim Lesen dieser fünf Konzepte gekommen ist. Der Vorwurf der Allgemeinheit trifft m.E. vor allem die Modelle von *Klafki, Schulz* und *Winkel;* der Vorwurf der Zeitaufwendigkeit vor allem *v. Cube* und mich. Ich würde den letzten Vorwurf so behandeln, daß ich zunächst einmal die ganz konkrete politische Forderung nach mehr Zeit für die Unterrichtsplanung des Lehrers erhebe. Eine zweite, mir sehr wichtig erscheinende Forderung, ist die Forderung nach Teamplanung. Meine dritte, ganz spezielle Antwort auf den Vorwurf der Zeitaufwendigkeit wäre der Hinweis, daß man als Lehrer ja das nicht unbedingt alles selber planen und organisieren muß. Ich weiß, da kommen jetzt gleich Einwände, aber ich würde sagen, daß man auch als Lehrer sehr wohl, wenn man das kann, Curriculum-Bausteine einsetzen sollte, Elemente, die von anderen Lehrern, Experten, erarbeitet worden sind. Ich bin dann allerdings nicht nur Einsetzer von solchen vorgefertigten Produkten, ich muß auch beurteilen können, ob diese Curriculum-Bausteine, Folienpakete oder ähnliches so gemacht sind, daß sie eben einer Kritik standhalten können. Das heißt, ich muß sie daraufhin prüfen, ob ich mit ihnen die Ziele, die ich erreichen will, auf effektive Weise erreichen kann und effektiv heißt bei mir, wirksam im Sinne des Ziels, aber möglichst ohne unerwünschte Nebenwirkungen.

Klafki:
Ich möchte gern die Frage aufgreifen, die von Frau *Tücking* und Herrn *Thoma* aufgeworfen wurde: Welchen Grad der Konkretisierung kann man von allgemein-didaktischen Modellen eigentlich erwarten? Ich behaupte nicht, daß der Grad, den unsere Entwürfe erreicht haben, hinreichend ist. Ich glaube aber, daß beispielsweise bei *Schulz* und bei mir gilt, daß die Entwürfe so ungefähr an der Grenze dessen angekommen sind, wo weiter nur noch im Gespräch mit Fachdidaktiken konkretisiert werden kann. Das soll nicht heißen, daß man nicht wenigstens an ein paar vernünftigen Beispielen deutlich machen kann, was denn Gegenwartsbedeutung heißen könnte. Das impliziert für mich zugleich die Antwort auf Herrn *Thoma*s Frage nach dem Bezug der Modelle zu den Fachdidaktiken. Mein Entwurf ist ausdrücklich im Kontakt mit Fachdidaktiken entstanden. Ich bin auf einige Fragen überhaupt nur in der Auseinandersetzung mit bestimm-

ten fachdidaktischen Richtungen gekommen. Ich habe mich dann allerdings bemüht, die allgemeine Bedeutung dessen, was in der entsprechenden Fachdidaktik diskutiert worden ist, zu entdecken. Das ist die eine Bemerkung, die ich machen wollte.

Die zweite ist folgende: Mein Modell ist — wie sicher auch die meisten Modelle meiner Kollegen — in unmittelbarem Kontakt mit der Praxis entstanden. Ich habe mir das Konzept ja nicht „ausgedacht", sondern ich bin darauf gekommen durch konkrete Analysen in der Praktikumsbetreuung an der Pädagogischen Hochschule. Die Analyse von Unterricht war der Anfang dieses Konzepts, und zwar meistens die Analyse von schiefgelaufenem Unterricht. Trotzdem stimme ich Ihnen, Herr *Winkel*, darin voll zu, daß der Aspekt „Störungsfaktoren" in meinem früheren Konzept nur unzulänglich behandelt wird und daß er auch bis heute einstweilen nur angedeutet wird. In der Differenziertheit, in der Sie es selbst versucht haben, habe ich es nicht geleistet. Auf der anderen Seite möchte ich aber sagen, daß ich die einfache Trennung von Unterrichtsfaktoren und institutionellen Faktoren für ganz problematisch halte. Den Versuch etlicher Lehrer, aufkommende Disziplinschwierigkeiten auf institutionelle Probleme der Schule zurückzuführen und nicht auch die Frage zu stellen, ob das Manko nicht auch darin liegen kann, daß der Unterricht schlecht war, halte ich für nicht hilfreich. Ich habe auch im Marburger Grundschulprojekt wieder manche Beispiele dafür kennengelernt, daß Unterricht, aus welchen Gründen auch immer, so unstrukturiert ablief, daß vernünftige Kinder darauf überhaupt nicht anders reagieren konnten, als Unfug zu machen. — Die obige Frage muß man zumindestens mitstellen, wobei ich nun allerdings nicht glaube, daß alle Störfaktoren, die im Unterricht auftauchen, immer nur ihre Ursache in mangelnder Qualität des Unterrichts haben. — Dritte Bemerkung: Ich glaube, es ist uns allen bisher nicht gelungen — und es hat ja auch keiner in dem Sinne konsequent empirisch daran gearbeitet — den Prozeß zu verfolgen, in dem irgendeines dieser Modelle schrittweise angeeignet werden kann. Die Klagen, die verständlicherweise aufkommen und die etwa lauten: wie soll einer ein so differenziertes System überhaupt in der Praxis realisieren?, beruhen zum Teil darauf, daß wir die Vorstellung erzeugen, unsere Systeme müßten sozusagen direkt in Unterrichtsplanung übersetzt werden. Dies erscheint mir nun völlig unmöglich. Es ist also eine Strategie zu entwickeln, wie ein Lehrer sich didaktische Konzepte in einem sicherlich langen und im Prinzip nie abschließbaren Prozeß aneignen kann, wie sie für ihn zu einem Handlungswissen werden können.

Schulz:
In Ergänzung von Herrn *Klafki* möchte ich, um noch ein Stück weiter zu kommen, auf die Subjektfrage des Schülers eingehen. Wenn es richtig ist, daß — und ich gehe damit auch auf Ihre Frage ein, Frau *Tücking* — wenn es richtig ist, daß die Schüler in zwei verschiedenen Klassen, eben ganz unterschiedliche Voraussetzungen, Ängste, Hoffnungen oder Vorerfahrungen mitbringen, dann sind wir auf einen Dialog angewiesen. Und dann

muß eben die Frage gestellt werden, ob man nicht an eine Planungstheorie die Forderung stellen muß, daß sie Schülern die Möglichkeit gibt, ihre Erfahrungen in bezug auf eine Sache, die konkret verhandelt werden soll, einzubringen und zwar rechtzeitig einzubringen und nicht erst, wenn der Lehrer mit seiner fertigen Planung in die Klasse kommt, die er als Experte ausgearbeitet hat. Hier ist für meine Begriffe der Expertenbegriff außerordentlich problematisch. Ich bin immer mehr der Meinung, daß die Schüler für eine ganze Reihe von wichtigen Teilen des Lernprozesses mindestens ebenbürtige, wenn nicht bessere Experten sind, als die Lehrer. Sie wissen z.B. mehr über sich, als ich von ihnen weiß, und ich bin ganz außerordentlich darauf angewiesen, daß sie mir ihre Lernbewegungen, deren Voraussetzungen, deren begleitende Motive und Ängste mitteilen. Meine Expertenschaft muß dann gerade darin bestehen, den Schülern zu helfen, Experte für die Planung ihres Lernprozesses zu werden. Das bedeutet allerdings nicht, daß ich alles, was ich gelernt habe, an der Garderobe abgebe und sage: Ich will jetzt nichts anderes als ein Schüler sein. Das war das antiautoritäre Mißverständnis, das ja bekanntlich zu nichts geführt hat. Ich würde nun gerne den anderen Kollegen die Frage stellen, ob sie das, was ich über die Mitplanung des Schülers gesagt habe, akzeptieren können.

v. Cube:
Noch mal kurz zum Vorwurf der mangelnden Konkretisierung der Konzepte. Was Sie, Frau *Tücking,* fordern, ist eine Konkretisierung im Bereich der Ziele.
 Dies liegt jedoch weitgehend in der Entscheidung des Lehrers, oder falls er sie den Schülern weitergibt, auch dort, aber nicht bei uns Didaktikern.

Klafki:
Sie glauben, als Wissenschaftler zur Frage der Ziele überhaupt nichts sagen zu können. Wir meinen dagegen entschieden, sehr viel dazu sagen zu können.

v. Cube:
Richtig, ich maße mir nicht an, Zielsetzung als Wissenschaft auszugeben.
 Aber nun, Herr *Schulz,* zur Subjektfrage des Schülers. Sie wollen, daß Schüler auch Experten werden in der Planung ihres eigenen Lernprozesses. Das ist doch genau die klassische Situation, daß Sie ein Ziel haben, nämlich das Ziel des selbstplanenden, selbstverantwortlichen Menschen, und nun müssen Sie sich eine Strategie überlegen, wie sie diesen Menschen erzeugen. Das ist eine Vorstellung, die voll im Kybernetischen Modell aufgeht.

Klafki:
Aber Strategie kann man technisch und nicht-technisch auslegen. Für mein Verständnis ist Ihr Verständnis von Strategie ein technisches und unseres ein nicht-technisches, ein kommunikatives.

v. Cube:
Ja, können wir vielleicht darüber reden, wo da ein Unterschied sein soll?

Winkel:
Ich glaube, wir haben eine völlig unterschiedliche Vorstellung davon, was Unterricht sein soll. Im Unterricht sitzen doch nicht nur Experten und Unexperten. Auch die Schüler müssen doch partiell genauso die Möglichkeit haben, Inhalte und Ziele im kommunikativen Prozeß neu zu bestimmen. In Ihrer Vorstellung lösen Sie die *Planung* eines Lernprozesses völlig vom Lernprozeß selbst ab.

v. Cube:
Nur zur Richtigstellung einen kurzen Satz. Ich habe mehrfach betont, und ich muß mich wirklich wundern, daß dies nicht zur Kenntnis genommen wird, daß im Zielbereich die Mitwirkung der Schüler durchaus möglich und in vielen Fällen wünschenswert ist. Die Zielsetzung ist jedoch, wie gesagt, keine Frage der Wissenschaften, und damit auch keine Frage der Experten, sondern das sind Wünsche, das sind Forderungen, das sind Bedürfnisse. Die Schüler sollen mitbestimmen können, da gibt es doch gar keine Frage. Die strategische Frage aber, wie das erreicht werden kann, das ist eine Expertenfrage, und da können die Schüler relativ wenig dazu beitragen. Sie können allmählich dazu gebracht werden, das gebe ich gerne zu, aber zunächst einmal muß ich davon ausgehen, daß der Erziehungswissenschaftler, der Didaktiker, der Experte ist, der weiß, wie man die Schüler dahinbringt. Wenn ich jetzt in eine Fahrschule gehe, um Auto fahren zu lernen, dann ist der Fahrlehrer der Experte, der mir beibringt, wie das zu machen ist, und ich fühle mich da überhaupt in keiner Weise autoritär überfahren, wenn er als Experte sagt, jetzt machen Sie dies und machen Sie das.

Winkel:
Nun, da sind wir eben unterschiedlicher Meinung. Es geht nach unserem – *Klafki*s, *Schulz*' und meinem – Verständnis in *Schulen* vor allem um mit- und selbstbestimmendes Lernen; und das ist ein anderes Lernen als das in Fahrschulen, bei der Bundeswehr oder BASF. Insofern sind wir, glaube ich, weiterhin unterschiedlicher Meinung.

v. Cube:
Entschuldigen Sie bitte. Da würde ich mich als Vater ganz entschieden dagegen auflehnen, und zwar mit rechtlichen Mitteln. Auch die Schule hat gesellschaftliche Verpflichtungen, auch die Schule hat Lernziele zu erfüllen. Vielleicht sind die Lernziele etwas schwammiger, und es sind größere Spielräume gegeben, das ist gut so, aber es gibt Lehrpläne, Gesetze und Richtlinien, auf die auch die Eltern rekurrieren können müssen. Ich meine, daß die Schule eine Institution der Gesellschaft ist und daß die Gesellschaft ihr gutes Recht hat, gewisse Werte und gewisse Qualifikationen zu tradieren, und daß die Eltern das Recht haben, daß dies auch in der Schule passiert. Also, so weit geht die Freiheit nicht.

Weingärtner:
Sie brachten eben das Beispiel desjenigen, der in die Fahrschule geht, um zu lernen. Der Fahrschüler akzeptiert in der Regel, was der Fahrlehrer mit ihm macht. In der Schule ist das in vielen Dingen anders. Oft genug wollen Schüler nicht, weil die Schule eine Zwangsveranstaltung ist. Daraus folgt für mich das Problem, die Schüler dahin zu bringen, daß sie zunehmend stärker den Unterricht mittragen. Außerdem leben viele Schüler in einem sozialen Umfeld, das sie gerade daran hindert, ein Lernziel, das ich vorgebe, zu akzeptieren. Deshalb ist es unbedingt notwendig, die Schüler zu meinen Mitarbeitern zu machen. Und da liegt ein großes Problem.

Winkel:
Ich kann doch das Ziel des Unterrichts nicht total vorweg eingeben. Ich kann mir persönliche Ziele überlegen, kann den Schülern auch sagen, ich hätte mir diese gewünscht, aber der kommunikative Prozeß ist doch in sich so kreativ und hängt von den jeweiligen Bedingungen ab, daß ich als Lehrer allenfalls ein Ziel unter vielen Zielen dort einbringen kann. Die 30 Schüler aber können mir vielleicht Ziele bewußtmachen, die mir im Traum am Schreibtisch nicht eingefallen wären. Wenn das nicht drin ist, Herr v. Cube, dann hat Ihr Unterricht mit dem, was ich unter Unterricht verstehe, nichts gemein.

v. Cube:
Ich bitte hier doch einmal folgendes zu bedenken. Der Unterschied von Schule zu einer, sagen wir mal, sehr viel strengeren Ausbildung, ist sicher richtig, da sind die Ziele stärker vorgegeben. Die Schule hat zum Teil aber auch solche Ziele. Da muß z.B. Prozentrechnen gelernt werden, ob Sie wollen oder nicht. Ich bin selbst mal Mathematiklehrer gewesen, ich weiß, wie das ist. Man steht unter Zwang, muß motivieren, muß bestimmte Ziele erfüllen. Darüber hinaus bin ich Ihrer Meinung, daß die Schule auch ein Freiraum sein sollte, in dem auch eine freie Kommunikation stattfindet. Dann darf ich aber nicht den Anspruch erheben, hier eine Planung durchzuführen, ich kann eine freie Kommunikation ja nicht planen.

Tücking:
Ich habe Sie so verstanden, daß Sie auf der einen Seite den lernzielorientierten Unterricht sehen, den man planen kann, weil man Lernziele im Hinterkopf hat. Auf der anderen Seite sehen Sie nur das andere Extrem, die freie Kommunikation, die Ihrer Beschreibung nach recht willkürlich verläuft und auch nicht planbar ist. Unterrichtspraxis liegt meiner Erfahrung nach dazwischen, und Didaktik muß gerade diese dazwischenliegende Unterrichtspraxis wissenschaftlich durchleuchten. Gerade freiere Kommunikation muß geplant werden, damit sie nicht planlos verläuft.

Möller:
Herr *Schulz*, Sie haben hier etwas wichtiges ins Spiel gebracht, nämlich die Einbeziehung der Schüler; Schüler, die nicht nur Mitwisser werden sollen, sondern Mithandelnde. Da würde ich Ihnen voll und ganz recht geben, nur würde ich meinen, um einen Schüler nicht nur zum Mitwisser zu machen, sondern auch zum Mithandelnden, muß ich selbständiges Lernen in Gang setzen. Jetzt bin ich dort, wo Sie, Herr *Winkel*, in Ihrem Aufsatz geschrieben haben, Theorien, die von behavioristischen Ansätzen ausgehen — und dazu gehört ja auch mein Modell —, seien nicht in der Lage, selbständiges Lernen in Gang zu setzen. Sie hätten, wie Sie schreiben, mit kritischem, emanzipatorischem, kreativem Lernen und Lehren nichts zu tun. Ich habe mich in den letzten Jahren sehr intensiv theoretisch und praktisch mit pädagogischer Verhaltensmodifikation beschäftigt. Ich meine deshalb wirklich, wenn man dieses Ziel hat, daß man auch mit solchen Techniken erreichen kann, daß der Schüler eigengesteuert, aus eigenem Antrieb, in der Lage ist, für sich etwas Bestimmtes zu planen und diese Planung dann effektiv umzusetzen. Darf ich Ihnen ein Beispiel nennen: Ich habe immer eine Gruppe von Studenten mit Problemen beim Arbeitsverhalten. Mit denen mache ich dann eine Veranstaltung — ich nenne sie Selbst-Modifikation —, in der ich nach einem ganz bestimmten Plan, der von mir mit den Studenten gemeinsam erarbeitet wird, mit den Studenten so arbeite, daß sie ihr eigenes Problemverhalten in den Griff bekommen. Ich meine, daß gerade die Verhaltensmodifikation gezeigt hat, daß man damit viel mehr machen kann als bloße Rechtschreibprogramme.

Schulz:
Um vielleicht noch kurz anzudeuten, wo für mich bisher keiner der vorhandenen Ansätze eine befriedigende Antwort gefunden hat, das ist die Sinnfrage im pädagogischen Geschäft. Auf diese Frage bin ich in den letzten Jahren durch die Auseinandersetzung mit neuen, dogmatisch marxistischen Positionen gestoßen. An dieser Frage habe ich versucht, mich abzuarbeiten. Darüber hinaus habe ich Lust, mich mit der Frage zu beschäftigen, wie sich Empirie verändern muß, wenn sie zur Effektivitätskontrolle eingesetzt wird. Denn an der Effektivitätskontrolle halte ich weiter fest, bloß die Kontrolle darf natürlich nicht mit Mitteln geschehen, die sozusagen als heimlicher Lehrplan wieder auf die Ziele zurückschlagen.

Klafki:
Ich will versuchen zu sagen, wo ich nach diesem Gespräch meinen eigenen Ansatz sehe. Irgendwelche prinzipiellen oder wesentlichen Unterschiede zu der Position von *Wolfgang Schulz* sehe ich schon seit langem nicht mehr und nach den neuen Aufsätzen schon gar nicht. Das heißt für mich allerdings nicht, daß nur die ehemals geisteswissenschaftliche Didaktik zugelernt hat. — Ich sehe auch keine prinzipiellen Unterschiede zu Herrn *Winkel*, wobei mir allerdings die Einlösung des Anspruchs „Berücksichtigung der institutionellen Bedingungen" noch nicht überzeugend erscheint, so wenig wie bei meinem eigenen Ansatz. Mir ist aus dem Beitrag von Herrn *Winkel* auch nicht deutlich geworden, wie man eigentlich zu einer solchen Unterrichtsplanung, wie sie in seinem Beispiel dargelegt worden ist, kommt. Wenn Sie das auslegen würden, müßten Sie *mehr* ausdrückliche Planungsvoraussetzungen auf den Tisch legen, als es Ihnen von Ihrem Ansatz her lieb sein kann. Darüber hinaus ist mir auch noch nicht ganz klar, welchen systematischen Stellenwert der Aspekt „Störungselemente im Unterricht" eigentlich in einer Planungstheorie haben muß; es scheint mir aber eine notwendige theoretische Aufgabe, dies zu bestimmen. — Nach wie vor sehe ich die Grenze dieser drei genannten Positionen zu der von Herrn *von Cube* vertretenen eigentlich als unüberbrückbar. Nicht deswegen, weil ich nicht meinte, auf einem enorm hohen Abstraktionsniveau könnte man all das, was wir machen, auch mit Begriffen der Kybernetik beschreiben. Sie, Herr *von Cube*, operieren allerdings immer so, daß Sie versuchen, etwas nachzuweisen, was wir gar nicht bestreiten: daß in unseren Ansätzen Ziele genannt werden. — Sobald Sie Ihren eigenen Ansatz auslegen, nehmen Sie eine ganz bestimmte, qualitative Interpretation dessen vor, was Zielorientierung des Unterrichts heißt; und diese Auslegung — das ist auch in dem heutigen Gespräch wieder deutlich geworden — ist eine andere, als die Interpretation, die wir von Zielen im Unterricht haben.
 Die Alternative: hier zielorientierter Unterricht und da irgendein anderer, kommunikativer Unterricht, halte ich für ganz unglücklich. Auch ein kommunikationsorientierter Unterricht ist in einem bestimmten Sinne zielorientiert.
 Unsicher war ich, als ich hierher gefahren bin, Frau *Möller,* ob Sie Ihre ursprüngliche Position wesentlich geändert haben. Ich habe nicht den Eindruck, besonders nach Ihren Ausführungen über die Bedeutung von behavioristischen Konzepten, daß wirklich eine wesentliche Änderung eingetreten ist. Ich bin der Meinung, daß ein Konzept, das von vornherein das selbstbestimmungsfähige Subjekt aus seinem Konzept ausklammert — und das tut notwendigerweise die behavioristische Theorie, sonst ist sie nicht mehr das, was ihr Name besagen will — nicht an irgendeiner Stelle plötzlich das Subjekt, das selbstbestimmungsfähige Wesen, wieder hineinmogeln kann.

v. Cube:
Es ist schon richtig Herr *Klafki,* was Sie gesagt haben, ich sehe das auch so, und ich möchte das auch gar nicht beschönigen, daß hier unüberbrückbare Gegensätze sind. Ich habe versucht, in meinem Beitrag aufzuzeigen, daß mein Ansatz vom Kritischen Rationalismus her gesehen wird. Wenn ich diesen Wissenschaftsbegriff habe, dann ist für mich die Frage der Zielsetzung und deren Legitimation eine ganz andere. Die stellt sich für Sie offensichtlich gar nicht. Für Sie sind anscheinend Ziele wie „Selbstbestimmung", „Solidarität" und „Mitbestimmung" usw. alles Ziele, die offenbar an sich schon legitimiert sind. Ich meine, daß gerade die kritischen Rationalisten diejenigen sind, die die Zielfrage dem einzelnen viel stärker überlassen, als es diejenigen tun, die die Zielfrage für sich entscheiden und damit objektive Gültigkeit beanspruchen.

Möller:
Ein ganz kurzes Schlußwort, in dem ich gern noch auf den in Ihrem Aufsatz, Herr *Winkel,* erhobenen Vorwurf eingehen möchte, ich ginge in meiner Theorie nicht auf die seit Jahren aufgeworfenen Vorwürfe ein und würde infolgedessen ins Aus geraten. Ich habe nicht verbal geantwortet, sondern mit Tun. Ich habe versucht, den Ansatz im Bereich der pädagogischen Verhaltensmodifikation weiterzuführen. Von der verbalen Auseinandersetzung halte ich nicht soviel, weil es wegen der unterschiedlichen Sprache, die wir sprechen, nicht soviel bringt, und ich bin nun mal für's „Bringen", für's Pragmatische. Abschließend möchte ich im Gegensatz zu Ihnen sagen, daß gerade in *Skinners* Arbeiten, mit seiner Betonung des Positiven im Verhalten, eine ganz extreme humanistische Aussage steckt. Wenn man nach diesem Ansatz arbeitet, kann man etwas erreichen, und vielleicht tun wir es so weiter, und an ihren Früchten werdet ihr sie erkennen.

Winkel:
Auch ich sehe weiterhin den Unterschied auf der wissenschaftstheoretischen Basis. Ich bleibe da ganz kontrovers. Ich sehe aber auch gemeinsame Aufgaben für die fünf didaktischen Theorien: Erstens, daß wir dieses Geschäft mit einer veränderten Lehrerrolle treiben in Richtung Team-Unterricht. Zweitens meine ich, daß diese Art von didaktischer Theorie, egal wie sie sich letztlich benennt, in dichterer Konfrontation mit der Praxis als bisher betrieben werden muß, und daß dann einige Gesichtspunkte (wie z.B. Störprozesse und andere) in eine noch zu leistende systematische Analyse und Planung von Unterricht einfließen können. Das sehe ich aber durchaus als einen gemeinsamen Versuch.

Tücking:
Ich kann nur feststellen, daß die allgemein-didaktische Position immer noch zu allgemein ist und daß der Schwarze Peter zu schnell an die Fachdidaktik weitergegeben wird.

Weingärtner:
Ich fände es gut, wenn die Didaktiker der Frage, wie unsere Schüler zu Experten in der Planung des eigenen Lernprozesses werden können, verstärktes Interesse widmen würden.

Thoma:
Ich habe meine Einschätzung der verschiedenen Modelle in diesem Gespräch weitgehend bestätigt gefunden. Meine Argumente könnte ich jetzt nur wiederholen.

Schulz:
Ich möchte es nicht versäumen, abschließend noch kurz auf den Beitrag des Kollegen *Winkel* einzugehen. Der Anlaß ist, daß Herr Kollege *Winkel* in seinem eigenen Beitrag, anders als es andere getan haben, auch zu anderen Positionen Stellung genommen hat, u.a. zu meiner. Ich will nur sagen, daß ich das, was Kollege *Winkel* in seiner Schlußbemerkung unter Punkt 4 als die besondere Leistung der kommunikativen Didaktik herausstellt, nicht für gerechtfertigt halte, weil es sich aus dem, was er in seinem Beitrag geschrieben hat, verglichen mit dem, was wir geschrieben haben, keine überlegene, differenzierende Problemfassung ableiten läßt. Wenn ich z.B. das Modell, das Sie zu Ihrem Ansatz gezeichnet haben, mit dem Modell vergleiche, was in meinem Beitrag abgedruckt wurde, dann möchte ich z.B. behaupten, daß alle Positionen, die Sie aufgeführt haben, in einer anderen Sprache bei mir auch auftauchen. Ich möchte behaupten, daß der Emanzipations- und der Demokratisierungsbegriff bei Herrn *Klafki* und mir stärker ausgeführt sind und daß auch die Frage, wie denn der Schüler zum Subjekt werden kann, bei uns näher bestimmt worden ist. Das ist ja gar nicht schlimm. Bloß – Sie verstehen – da Sie sonst das Schlußwort mit Ihrem Beitrag gehabt hätten, wollte ich auch im Namen der anderen nur sagen, daß wir nicht unbedingt der Auffassung sind, daß Sie damit Recht haben.

Blankertz:
Als letzte Bemerkung möchte ich als Diskussionsleiter selber eine inhaltliche Aussage zu den Beiträgen von Herrn *von Cube* machen. Für die Berücksichtigung von Zielen in didaktischen Konzepten brauchen wir uns nicht zu entscheiden, denn sie sind hier unhintergehbar enthalten. Die europäische Pädagogik hat das als die Eigenstruktur der Erziehung herausgearbeitet. Diese normative Kraft läßt sich durch kein Wertfreiheitspostulat aus der Erziehungswissenschaft entfernen. Zwar kann man diesen Aspekt leugnen, aber nur um den Preis eines naiven Dogmatismus. Und genau das werfe ich Ihnen vor: Sie können nichttechnologische Werte nur in der Willkür persönlicher Bekenntnisse vorstellen, nicht in der Verbindlichkeit der Tradition. Damit dementieren Sie die europäische Wissenschaftsgeschichte.

Namensverzeichnis

Achtenhagen, F. 75
Adameit, H. 64, 75
Albert, H. 54
Ausubel, D. P. 24

Baacke, D. 92 f.
Bastian, J. 95
Beckmann, H. K. 59 f.
Berliner, D. C. 45, 72, 76
Biermann, R. 85, 93
Blankertz, H. 12, 26, 94 ff., 110
Bloom, B. S. 64, 68 f., 75 f.
Blumenthal, A. 89, 93
Böhler, D. 30, 44
Böll, H. 91
Born, W. 45, 93
Brecht, B. 38, 87
Brezinka, W. 54
Bruner, J. S. 24
Buer, J. v. 63, 75
Bunk, G. P. 68, 75

Cohn, R. 35
Comenius, J. A. 5, 8, 79
Copei, F. 24
Cube, F. v. 6, 46 ff., 51, 53 f.,
   56–60, 82 f., 95–99, 101 f.,
   104 ff., 108 ff.

Dave, R. H. 68 f., 75
Dilthey, W. 81

Edelmann, G. 75

Fend, H. 33
Flammer, A. 73
Flechsig, K. H. 68, 70, 75
Frank, H. 56, 59, 63, 75, 82
Freud, S. 5
Frey, K. 66, 75 ff.
Fromm, E. 5

Gage, N. L. 45, 72, 76
Gagne, R. M. 69
Galperin, P. J. 24
Gamm, H.-J. 83, 93
Garlichs, A. 75
Gerken, H. 68, 76
Gilmer, H. 76
Grunow, P. 64, 76
Gudjons, H. 8

Habermas, J. 5, 12
Haller, H. D. 75
Harrow, A. J. 68, 76
Hegel, G. W. F. 5
Heidrich, W. 75
Heimann, P. 6, 28, 34, 43, 45, 59
Heipke, K. 75
Heydorn, H.-J. 12
Holzkamp, K. 45
Horkheimer, M. 12

Ingenkamp, K. 75

Jegensdorf, L. 76
Jourdan, M. 93

Kant, I. 5
Kath, M. F. 68, 76
Klafki, W. 6, 10 f., 26 f., 28 f., 45,
   58 f., 81, 83, 85, 91, 95–105,
   108 ff.
Klauer, K. J. 54, 64, 76
Klink, J.-G. 98
König, E. 26, 67, 76, 96
Krathwohl, D. R. 68, 76
Krumm, V. 64, 76

Mager, R. F. 48, 50, 59, 64, 66 f., 76
Marsolek, T. 75
Marx, K. 5
Masia, B. B. 68, 76
Meyer, E. 76, 89, 93
Meyer, H. L. 75

Miller, R. B. 67, 76
Möller, B. 62, 76, 96
Möller, C. 7, 62 f., 67, 69, 75 f., 82 f., 95 f., 102, 107 ff.
Mollenhauer, K. 31, 45, 83, 93

Nohl, H. 81

Oechsle, D. 64, 76
Otto, G. 6, 10, 26, 28 f., 45, 59, 81, 93
Ovid 8

Pipe, P. 59
Popp, W. 93
Popper, K. R. 54

Reich, K. 45
Riedel, H. 67, 76, 96
Rössner, L. 54
Rost, D. H. 64, 76
Roth, H. 89, 93
Roth, L. 26
Rückriem, G. M. 10
Ruprecht, H. 46, 59 f.

Skinner, B. F. 64, 75 f., 82, 93, 109
Sokrates 5
Sommer, H. 75
Schäfer, K.-H. 83, 85, 93
Schaller, K. 83, 85, 87 f., 93

Schier, N. 26
Schlösser, H. 75
Scholz, G. 76
Schott, F. 76
Schwarzer, R. 73, 75 f.
Schulz, W. 6, 10, 26, 28 f., 59 f., 81, 83 f., 91, 95–100, 102–105, 107 f., 110
Steinhagen, K. 73, 75 f.

Teske, R. 8
Thoma, G. 63, 77, 95 f., 98, 101 f., 110
Thomas, H. 45
Tücking, H. 95, 98, 101–104, 107, 109
Tyler, R. W. 64, 68, 77

Vohland, U. 26, 89, 93

Waechter, F. K. 38
Warwick, D. 92 f.
Watzlawick, P. 92 f.
Weingärtner, B. 95, 97 f., 100, 106, 110
Weltner, K. 56, 60
Weniger, E. 81
Winkel, R. 7 f., 78 f., 85, 88, 92 f., 95–103, 105–110

Zirz, A. 54, 60